我

· COGITO ·

思

Ludwig Wittgenstein
From Silence to Silence

维特根斯坦

从沉默到沉默 | 刘云卿——著

广西师范大学出版社
GUANGXI NORMAL UNIVERSITY PRESS
· 桂林 ·

维特根斯坦：从沉默到沉默
WEITEGENSITAN：CONG CHENMO DAO CHENMO

策　　划：我思工作室
责任编辑：叶　子
装帧设计：何　萌
内文制作：王璐怡

图书在版编目（CIP）数据

维特根斯坦：从沉默到沉默 / 刘云卿著. -- 桂林：广西
师范大学出版社，2022.11
　　（我思学园）
　　ISBN 978-7-5598-5668-5

　　Ⅰ．①维…　Ⅱ．①刘…　Ⅲ．①维特根斯坦
（Wittgenstein, Ludwig 1889-1951）－哲学思想－研究
Ⅳ．①B561.59

　　中国版本图书馆 CIP 数据核字（2022）第 225815 号

广西师范大学出版社出版发行

　　广西桂林市五里店路 9 号　邮政编码：541004
　　　网址：http://www.bbtpress.com
出版人：黄轩庄
全国新华书店经销
山东新华印务有限公司印刷
　　（山东省德州市开发区晶华大道 2306 号　邮政编码：253072）
开本：850 mm × 1 168 mm　1/32
印张：5.875　　　　　字数：86 千
2022 年 11 月第 1 版　　　2022 年 11 月第 1 次印刷
定价：42.00 元

如发现印装质量问题，影响阅读，请与出版社发行部门联系调换。

献给401

在我们的有生之年，我们不可能获得荣誉或耻辱；在我死后，我的骨头不会在意。

——托马斯·爱德华·劳伦斯《书信》

塞麦尔瓦斯的发现似乎超越了他自身天才的力量，或许那正是他所有的不幸最深刻的原因。

——路易-费迪南·塞利纳《塞麦尔瓦斯的生平与著作》

序

为自己二十多年前的学位论文作序感觉在为他人作序，重读旧作亦有同感。尽管维特根斯坦异乎寻常的思想与个性依然如故，但作为"伟大哲学家"的维特根斯坦似乎已进入先贤的行列，至于一百年后他的思想是否会像他自己所预言的那样被更好地理解我们并不知道，我们同样不知道他在《哲学研究》前言中所提及的"这个时代的黑暗"（der Finsternis dieser Zeit）是否已被更好地理解。不过，他划定不可通融的界限，测度沉默的品格，用即兴迸发的才智抵御语言的蛊惑人心，葆有精准和凌厉的诗性，拒绝"诗意盎然"和可见的诗。就照亮黑暗岁月、指点痛苦和迷津而言，维特根斯坦不仅始终不可替代，而且是独一无二的，就像布尔迪厄所说的那样：维特根斯坦或许是在艰难岁月中帮助我最大的哲学家，他是那种巨大的理智困扰时期的拯救者。在这个"哲学家"俯拾皆是的时代，与其说维特根斯坦是哲学家，不如说是哲学的英雄。

　　一般来说，关及维特根斯坦的"常规研究"依旧有其价值，但已成为过去，尽管人们会一直期待那种能够刷新认知的常规研究。当下最有意思的工作集中在两个方面：Apply Wittgenstein，把维特根斯坦（包括思想和形象）作为"现成品"挪置到其他领域，或者对维特根斯坦的文本，包括未刊行的手稿做细致入微的"经学式"的阐发和叙述。本书不属此列。不过它不是概论，也不是常规研究，毋宁说是一次冒险，试图从某种"含混"的宗教、沉默、伦理与行动的视角提供自己的理解。对于维特根斯坦的悖论领悟甚至延伸到本书之上：避免主题性探讨，回避二手文献。这种努力现在看来多少有些莽撞，甚至有些"草莽之气"，但在维特根斯坦所憎恶的"学院化"已无所不在的今天，它们未必都是负面的，尤其涉及打破常规，拒绝画地为牢，远离陈陈相因和程式化的理解，坚持某种连接，对学院规训不以为然……

阅读当时勉强还算年轻的自己所写的东西未必毫无感慨，因为二十多年不是白白度过的。诚然，时光未必会留下什么，除了最初的执着与忠诚。一篇直抒胸臆而又问题重重的论文或许作为"遗著"出版更加合适，所以知道竟然有机会在有生之年付梓，我一时不知道该对此高兴还是难过。仅供识者一笑！

我要特别感谢我思工作室促成此书并提供意见，我同样要感谢张汝伦教授和已故的黄颂杰教授的宽容与帮助，感谢老虎帮我查找电子文档，我还要感谢未及弱冠或读书时就已结识的鉴传今、田肇君、孙向晨、黄朝晖、林晖、谢瑛华、黄韬、项轶、徐沪生、姚进、罗明……对于不问世事、性情古怪、离群索居的我来说，能有幸拥有他们持久的友谊，怎么说都是一件让人惊奇的事情。

刘云卿

2022 年 4 月 26 日

上海封控中

CONTENTS

目　录

导　言 / 001

第一章　沉默的《逻辑哲学论》/ 023

　　　　引　言 / 026

　　　　言说的沉默 / 030

　　　　沉默的言说 / 045

　　　　沉默的沉默 / 053

第二章　"转折"的意义 / 057

第三章　作为行动的后期思想 / 080

　　　　引　言 / 081

　　　　语言之囚 / 086

　　　　战斗与操练 / 103

　　　　"让我们成为人" / 136

第四章　灰烬或沉默 / 145

结　语 / 164

缩写说明 / 169

参考文献 / 171

导　言

我不是宗教信徒，却不禁从宗教的角度观察每一个问题。

——路德维希·维特根斯坦《与德鲁里的谈话》

先知向来只谈论信仰的支点，从不谈论信仰本身。

——古斯塔夫·雅诺施《卡夫卡谈话录》

维特根斯坦非凡的思想，连同实现这种思想同样非凡的方式都会使人想起苏格拉底。他们的确有着惊人的相似，诸如对写作的疑虑（维特根斯坦生前唯一的著作是关于沉默的，身后是一堆断片），无所不在的戏谑，以及对伦理的注重。在维特根斯坦这里还要加上美与宗教。即便如此，相对于他们的相似，他们的差异或许更为深刻：苏格拉底是西方哲学（当然是尼采与海德格尔意义上的西方哲学）史上第一位重要的哲学家，而维特根斯坦则是试图摧毁西方哲学的人，是一个来自"内部"的"侵入者"，并且其指向也与苏格拉底正相反对：不是绝对知识，而是其反面，是对信仰的绝对启示，或将其遮蔽。这一点注定了维特根斯坦奇特而困难的位置。[1]

1　很难设想禁欲主义者维特根斯坦会像安托南·阿尔托（Antonin Artaud）那样充分地展示自己的身体，确切地说，是象征地展示自己的身体，但身体或"可见"个人性的重要性对他们却是同等的。作为"演员"的阿尔托不满足于自己在舞台上的表演，需要在生活中予以补充，以便成为"殉道者"，后者堪称其最伟大的成就和真正的悲剧性所在。换言之，艺术家阿尔托只是生活者阿尔托的准备，生活中的阿尔托则是艺术家阿尔托更为艺术化的延伸。在同等意义上，维特根斯坦的哲学与哲学家维特根斯坦紧密相连，且互为象征。（这显然与海德格尔不同，在后者那里，让人难忘的恰好是那种强有力的哲学与那位德国庸人间的反差，似乎从莱布尼茨开始，这已成为德国精神史的一部分。顺便提一句，个人及其哲学的关系是一个陈腐透顶而又历久弥新的问题，事实上不是什么问题，因为所有的历史都将进入神话，所有的神话都是历史的一部分，问题在于你所强调的是什么，因此留下来的只有区分：在神话中，个人性为风格取代；在历史中，风格体现为个人性。这也正是我们何以会喜欢柏拉图而不是亚里士多德，喜欢帕斯卡尔胜过笛卡尔的原因，尽管我们知道的只是他们的哲学，尽管我们对作为哲学家的他们所知甚少，甚至一无所知：历史给予我们的颜料根本不足以涂抹一个哲学家的肖像。）不同的是，维特根斯坦只是更为克制，或更为癫狂地展示出他伦理与宗教的努力，后者在后期更为明确，甚至（转下页）

（接上页）明确无误。因此应该设想，正是在"使徒行传"或反向"使徒行传"的意义上，维特根斯坦哲学获致其最佳刻画，维特根斯坦特有的反讽也在于此：维特根斯坦没有规避作为个人性之表征的身体（"人之身体乃人之灵魂的最佳图画"[PU 496]），但却分解了它；与照片中那个直瞪瞪地盯着你的维特根斯坦不同，当你回看他时，你会发现他正在变形的脸；维特根斯坦准确无误的形象被持续的"面相转换"取代：他是"正宗"的分析哲学家，还是诗人？西方伟大形而上学传统中的一员，还是十足的"犹太思想家"？（但"犹太思想家"意指什么？又是何种意义上的犹太思想家？迈蒙尼德，还是斯宾诺莎？赫尔曼·柯亨，还是罗森茨维格？马丁·布伯，还是格肖姆·肖勒姆？不仅如此，犹太思想家是血统问题吗？如若这样，如何理解维特根斯坦所说的卢梭身上的犹太特性？如若不然，诚如犹太思想家魏宁格所言：犹太人不是血统问题。那"犹太思想家"又该做何理解？）是敬畏上帝的典范，还是"魔鬼般骄傲"的人？是无所不是，还是无一所是？此外，其形象即使在最具体的意义上仍然无法确定：他是犹太人，却改宗了天主教；这位奥匈帝国的臣民，却在英国度过了他最为重要的时光，并始终用德语写作；作为教师的维特根斯坦，却有着备受物议的授课方式；说到哲学家，这位哲学家毫无体系可言。就这样，后面的形象是对前面形象的消解，前面的形象也在消解着后面的形象。

维特根斯坦身份的含混有效地抵御着任何规定它的努力。有鉴于此，过目难忘的形象也是"没有个性的人"（如同罗伯特·穆齐尔同名小说中的主人公），甚至勒内·马格利特（Réne Magritte）的许多画都是特意为他画的：一个完整的男人（转下页）

一

在没有神的时代做一个渎神者，或许比在沙漠中呼喊更加困难，或许那正是维特根斯坦的位置。这似乎是维特根斯坦与那位希腊人的另一种相似：作为雅典的捍卫者，苏格拉底被雅典处死。如果这看上去像是反讽，那造就这种反讽的正是其意图与努力间的不一致，就维特根斯坦自身而言，反讽一方面并不存在（"宗教中的言说并非隐喻，否则人们必定也可以在散文中谈论同一种东西"［WWK 117］），另一方面，如果维特根斯坦仍然是我们时代最有影响的思想家，换句话说，如果他依然是我们的同时代人，只有这样，也只有这时，反讽才会真正出现：维特根斯坦

（接上页）身体，他的头为木块、鸟笼所取代或被虚化。在《通向大马士革的道路》中，马格利特绝无仅有地给出一个男人最清晰的正面形象，但却赤裸着身体，其被除去的衣冠，楚楚地立于他的身旁。那么获致启示的是人还是衣冠？抑或同时被启示？维特根斯坦似乎实践了上帝的告诫：你不要为自己画像！可虔信者也可以同时是逃逸者吗？或者相反？在其后期哲学中，贯穿始终的正是这种形象的摇摆，象征就此被寓言取代。寓言是记录我们经验的一种方式，在荷马时代，《奥德赛》的作者只须记下他伸手可感的一切即可，但在我们时代，乔伊斯将其重写一遍，一切都成了寓言。于是，寓言家卡夫卡只称呼自己为"记录者"。

堪称我们这个"规范"时代最难以规范的人物,这一点同等地适用于其哲学。究竟在何种程度上可以将维特根斯坦的哲学与其个人分开?人与哲学的一致性又何以成其为哲学的一部分,或其反讽?维特根斯坦的设问因此显得至关重要:"我何以能成为一个逻辑学家,如果我还未成为一个人!"(RW 191)

这种选择是决定性的。它不仅选择了性质(血肉之躯无法选择),选择成为"伦理上的个人",也选择了象征,象征着维特根斯坦对伦理、宗教与美的选择,并同时选择它们的不可言说。总之,象征地预示着维特根斯坦的全部努力,反过来,行动着的个人也为这一努力所象征。维特根斯坦选择的意义远不止于字面,必定还包括真实可信的生活,难以摆脱的罪恶,如影随形的死亡,还有对获救的渴望。此外,这种选择无异于选择了他对历史所持的姿态,而处于决定与被决定辩证之中的历史像个人一样地真切,也像个人一样是个象征。在此意义上,作为开端的选择堪称真实与象征的双重开端。有鉴于此,在真实的意义上,一致性乃是题中应有之义,哲学成为生活的一部分;在象征的意义上,一致性存于超越之中。

维特根斯坦奇特的悖论注定引发出另外的悖论:

鉴于《逻辑哲学论》的缘故（在某种意义上，《逻辑哲学论》是非人的），人难以与哲学相连，就像难以一步跨上月球一样；鉴于维特根斯坦的极端立场，人不能不与哲学相连。一方面，导致这一悖论的正是《逻辑哲学论》固有的悖论，另一方面，正是维特根斯坦所持的极端立场方使《逻辑哲学论》得以可能。依据维特根斯坦，伦理、宗教与美不可言说，他同时坚持认为，沉默的《逻辑哲学论》是伦理性的。那么，不能言说伦理的伦理之作何以是伦理之作？如果无以言说，是否可以去做？是谁在做？那是一种行动吗？如果那样，《逻辑哲学论》是否仍旧意味着一种哲学？

尽管《逻辑哲学论》是一部《纯粹理性批判》式的"划界"之作，但与后者不同的是，它的划界更多是功能性的，更着重那不可言说的一切。像康德一样，他在为信仰做准备，但与康德不同，他并非在"限制知识"，而是要摧毁哲学。如果说牛顿理论的正确性在康德的眼中毋庸置疑，那对维特根斯坦来说，不仅牛顿的理论是可疑的，自己同时代人的工作也同样的可疑，甚至更为可疑。可以说，所有建立在理性之上的知识都是可疑的："如果基督教是真理，那么建基其上的所有哲学就是错误的。"（VB 1949）因此根本不存在毕其功于一役的可能。这种旷日持久源于战斗的性质，也决定了战斗的性质。维特根斯坦的使命与意图是一致的。似乎可以直截了当地将《逻辑哲学论》视为一条纲领，一个姿态，一句口号，或一道禁令，在此意义上，它成为行动或行动的象征；同样是在这种意义上，作为个人的维特根斯坦成为这种行动的担承者。如果这种解释能被接受，悖论将不会出现，人与哲学的一致性因此也得以实现，但这样的话，维特根斯坦传奇般的思想将会成为一部平庸传记的素材。不仅如此，由于维特根斯坦坚持在哲学框架中作出理论说明，更兼他所作说明的方式，这种解释变得可疑。此外，试图在哲学之内消解哲学仍旧还是哲学，从而使行动化的《逻辑哲学论》残存为一种理论。即使作为行动，那也是无人的行动，因为"唯我论"表达了个人，同时也取消了个人；诞生于历史中的《逻辑哲学论》拒绝了历史，代之以"从永恒的视角"；宣称伦理与宗教的不可言说成为超乎这两者之上的宣称。人与哲学的一致性就此被一条深渊阻隔。维特根斯坦开端的双重性以让人目眩的速度被摆至其中一极；真实与象征均为象征取代。不过，失去真实的象征已不再是象征，当然也不再是真实。只有美，或者，只有

"先验性"留存了下来。

就这样，起于简单的意图，终于含混的托词。不仅如此，其攻击性的姿态使《逻辑哲学论》显现为掩体，其实那是自我隐遁之所（"只有当我能够使自己独立于世界——它仍在某种意义上实施统治——只有这时，我才能避开所发生的影响。"[TB 11.6.16]），罪恶与荣耀（"要么写出伟大的著作，要么去死！"[W 76]）的双重过程就这样在《逻辑哲学论》中获致结论：救赎以弃绝做代价，最终强化了恶。《逻辑哲学论》的骄傲，一如它的虚弱，成为恶的见证。[1] 意图与努力，人与哲学的不一致一方面致使《逻辑哲学论》成为反讽之作，另一方面，正是在沉默之中，它们达成了一致：无声的行动与弃绝，弃绝昭示着无声，沉默因而是必然的。

《逻辑哲学论》是本孤寂的书，其中是同样孤寂的哲学，就像它的作者一样。不论作为行动，还是作为行动者，都不免让人疑惑，因为行动必定引发着行动，而严格意义上的行动者绝不是孤独的（"独自

---

1 维特根斯坦曾被比作"禅宗大师"，其实依照禅宗的教训，维特根斯坦的作为纯属庸人自扰；反过来，对于"恶"与"原罪"，禅宗一无所知。

转动而不带动其他的轮子不是机器的一部分。"[PU 271]）《逻辑哲学论》已成为死胡同，同时也是绝处逢生的开始，因为问题的各个方面就此被启示：如果伦理与宗教不限于断言或纲领，如果哲学不再是哲学（即便把《逻辑哲学论》最后那句断言前的一切全都视为这句断言的铺垫，《逻辑哲学论》仍不失为一种哲学，尽管同一前提下的"哲学"的指谓并不同一，尽管事实上的《逻辑哲学论》是自我消解的），尤其是，如果这一切无一不被保持，但却被禁止保持于理论之中，那该如何去做？就此而言，《逻辑哲学论》的解答异乎寻常，也可以说用异乎寻常的解答拒绝了解答。

二

显而易见，"转折"已势在必行，同时"转折"已经开始。维特根斯坦宣称自己已解决了所有问题，从而开启了"新生"：整整六年，他置身于奥地利一隅。这个行进中的反讽充满着悖论的意味：维特根斯坦认为问题业已解决的地方，问题才刚刚被启示；当他抛却哲学问题进入实在时，哲学问题正以最为尖锐的方式呈现无遗。并且，正是此种姿态成为问题解决的开端。相对于早期哲学，这姿态已成反讽；相对于后期的"行动"，"可见"的转折堪称真正转折的开端。那是行动的先导和象征。

唯其如此，理解起来才会更加困难。因为失衡的《逻辑哲学论》是一个硬壳，在某种意义上回应着哈姆莱特的独白："噢，上帝，我可以被拘于方寸之内，但仍是无限之王。"现在，将其打碎，或重新在张力之间保持平衡成为维特根斯坦全部努力的关键，在此意义上，"转折"无非支点中的一个，正如维特根斯坦所言："对哲思中的我而言，常常变换姿态是重要的，这样就不至于使一条腿站得太久，从而变得僵硬。"（VB 1937）当然，如果不去变更支点，一切都不会改变；如果变更支点，支撑者依然未变。转折在被确认为转折的同时也是连续性的一部分。如果维特根斯坦由早期到晚期是从伦理走向宗教，那么严格说来转折并未发生，因为依据《逻辑哲学论》中的划分，它们隶属于同一层面；如果沉默被沉默的掩埋取代，那同样不是转折，毋宁说是对沉默更为忠实的承继。真正的转折是那种姿态，以及紧随其后的行动，因为重要的不是他是否在信仰，或信仰什么，而是如他所言做（tun）了什么。也就是说，我们毋需知道，也根本不知道维特根斯坦的转折是否发生于某一时刻，我们同样不知道是否可以将其称为"启示"，我们只知道其行动，知道的也只有行动；正是其行动开始具备宗教的性质，并为对上帝的无限敬畏所表征。也可以说，这是其真正"救赎"的开始，甚至完全可以反讽地将其比之于保罗"通向大马士革的道路"。当然，也只能是反讽意义上的比拟，因为无法确知他的宗教信仰，也因为行动的肯定性与表达（对宗教的表达）的否定性同时开始。[1] 即便如此，宗教的种种元素却因此得以启示，从而注定了其转折的革命性及随之而

1 巴塔耶说："否定性即这种'行动'与'追问'的双重运动。同样，罪与这种双重运动相联系。人类的存在就是这种双重运动。"（Georges Bataille, *Guilty*, The Lapis Press, p.136）对维特根斯坦来说，正是这一点构成反讽之源，因为相对于托马斯·阿奎那，维特根斯坦只写下了他的"反异教大全"，却将自己的"神学大全"秘而不宣。维特根斯坦的否定姿态不仅包括他对宗教的否定表达，还包括其肯定的战斗所指向的无限否定：建立在理性或科学之上的一切类似"大洪水"前的一切，除去在"索多玛"与"蛾摩拉"之间选择一个居住外，我们已别无选择。正是在这种意义上，战斗的艰巨性启示着操练的建设性力量，重复成为行动的节奏："我的哲思方式就我而言总是那样的新奇，因此必须不断地重复。而对下一代人来说，它将成为他们的血肉，他们也因此发现重复是让人厌倦的。对于我重复是重要的。"（VB 1929）

来的困难。正是在这种意义上，那位乡村教师六年的
"操练"堪称嗣后漫长生涯的预演，并近乎寓言般地
提示着后面的一切；同样是在这种意义上，他重回"哲
学"只是一种"移植"，将其操练由奥地利乡村移植
到了剑桥。几乎与此同时，维特根斯坦绝非偶然地开
始了对其犹太身份的认同。[1]这未必有助于确定其信

1　有趣的是，在大致相当的时间，在与纳粹的短暂合作后，海德
格尔开始讲授荷尔德林的诗歌。这是一系列回顾的开始，借此他赋
予乡愁一种全新的面貌。换句话说，海德格尔以他独具的方式重述
了从温克尔曼、莱辛到黑格尔的历史。依照他自己的说法："人类
有一个故乡并须扎根于传统。"（《只有一位上帝能拯救我们》）
事实上，纳粹的崛起及其命运既是德意志民族的劫数又是西方的宿
命。海德格尔将存在被遗忘的历史推及柏拉图与苏格拉底绝不是偶
然的。这一点连同其在检验西方精神史时所展示出的心智高度注定
了他与纳粹的关系，及这种关系的断绝。有鉴于此，纳粹就不再只
是一种运动，而作为运动的纳粹只是纳粹的象征。因此，在某种意
义上，无辜者（绝不限于犹太人）并不是无辜的，也正是在这里，
甚至在论及存在的遗忘与技术的统治时，海德格尔的"欧洲中心
论"依然明确无误（他拒绝承认《道德经》曾经给予他某些基本的
推动，并辩称只有重新审视它得以可能的一切时，一种文明才能获
致拯救），这与其同时代人斯宾格勒几近如出一辙，在视野的开阔
上甚至还略显不如。与之对照，维特根斯坦出于同一种原因对斯宾
格勒赞赏有加；他认为后者未将魏宁格列入西方思想家的行列是完
全正确的。事实上，魏宁格只是犹太才智之士中的一员。（转下页）

仰的性质，却有助于问题的解决。[1]

（接上页）他们的位置孤立而又独特，一如犹太人在西方文化中的位置。严格说来，"犹太哲学"是一种奇怪的提法，并且，在"哲学"这个词最为"西方化"的规定上，犹太人从未有过哲学（这类似于"中国哲学"的提法）。这当然包括菲洛与迈蒙尼德，甚至也包括斯宾诺莎。后者绝非偶然地把"伦理学"冠之于他最"哲学化"的著作。

1　犹太诗人策兰曾就犹太人问题求教于风烛残年的马丁·布伯，后者对这位欧洲最孤独的人说："我们首先是欧洲人！"（参见 John Felstiner, *Paul Celan:Poet, Survivor, Jew,* New Haven and London, Yale University Press, 1995）显然，这位年迈的犹太哲学家对策兰的问题表示不解或装着不解。肖勒姆正是在这种意义上提及那些犹太知识分子的自欺，比如柯亨、毛特纳及布鲁纳（Constantin Brunner）（Gershom Scholem, *From Belin to Jerusalem,* New York, Schocken Books,1988, p. 26）。这个名单还应包括马丁·布伯、伊曼纽尔·列维纳斯及雅克·德里达，后者为这种自欺提供了一个精致的样本：一颗被伤害的边缘心灵的抗争，虚假的宽容，以及试图挤入中心的耻辱。

一般说来，在文学上，希腊与希伯来有着正相反对的风格：前者铺排，后者简约（奥尔巴赫在《模仿》的第一章中将《荷马史诗》与《旧约》作为这两种风格的代表）；而在思想领域中，其风格同样地正相反对，情形正好相反：前者抽象至"一"，后者具体而微。依照魏宁格，犹太人"天生就是共产主义者"，最激烈的"反-闪米特主义者"恰恰是犹太人自己。换句话说，犹太人首先要做的就是清除自身中的犹太特性，因此"犹太人问题只能被独自地解决；每一个犹太人都必须以他独具的方式解决这个问题"。（Otto Weininger, *Sex & Character*, London: William Heinemann, p.312）我们当然不能忘记，这一切的背后站立着作为（转下页）

现身于 "连续性" 中的转折也注定了它的困难。需要开口说话，同时沉默仍在继续，并且更加深沉；使行动在思想中延续，还要使思想留存为思想；实现宗教的事业，却将教义隐去或佯装不知，或真的不知，这并不重要。（"我以前从未信奉上帝——这我知道。但这并非'我以前从未真正信奉过他'。"[VB 1946]）重要的是，如果维特根斯坦所谓的 "转折" 无非再度回到哲学，或者说只是将操练移植到哲学之中，那问题将变得简单：因《逻辑哲学论》而来的悖

（接上页）犹太思想家的奥托·魏宁格。甚至在某种意义上也包括胡塞尔，这位现象学家卷帙浩繁的 "著作" 堪称一连串的现象学 "操练"，可具有讽刺意味的是，正是在这位自称永远的 "初学者" 的洞见之上，其热衷者建立起一整套经院哲学般的 "现象学理论"。事实上，正是从 "转折" 开始，维特根斯坦开始自觉地把自己看作一个 "犹太思想家"，甚至一个 "宗教思想家"，而不再是一个纯西方意义上的哲学家。即便在接受他的姐姐将其嘉许为 "哲学家" 的同时，他还是补充说，自己更愿意满足于一个 "真理寻求者"（Wahrheitssucher）的名分。简言之，他只是一个 "思想者"。更为自觉，也更意味深长或更具反讽意味的是，他明确无误地把自己与圣徒或先知区分开来："犹太人的'天才'只意指圣徒。最伟大的思想家也只是一种才能（比如我）。"（VB 1931）此外，这位天才不止一次地论及天才问题，认为最能标示出天才的是其性格或品质，并在此意义上论及克尔恺郭尔，说后者是上个世纪迄今为止 "最深刻的思想家"，是一个 "真正的圣徒！"。维特根斯坦在承认自己不是 "圣徒" 的同时却宣称自己渴求 "完美"。

论将再次出现，维特根斯坦对"唯我论"的消解成为消解此种悖论的范例，或对因随《逻辑哲学论》而来的断绝所做的连接。"唯我论"是其划界的功能性，即其伦理努力的一部分，而后期同等性质（宗教）的努力正是开始于对"唯我论"的消解："我"被消融于我的行动之中。

但是，维特根斯坦回归哲学绝非单纯，更应被视为对哲学的革命。或者说，救赎展现为摧毁，后者成为行动或行动的极致，用维特根斯坦的话说，那是一场战斗（"只要留在宗教之中，我们就要战斗"）！不仅如此，为使无谓的言说展现为无谓，被弃绝的一切无一不是救赎的对象：从最为"自明"的数学到最"隐秘"的心理学，他后期的行动几乎无所不包，甚至可以说，无处不是他的战场，贯穿其中的正是语言。"患病"的语言不啻维特根斯坦的沙漠，是魔鬼出没的场所，也是诱惑和抵御诱惑之地。一句话，语言成为"原罪"。维特根斯坦的悖论被出人意料地做了置换：可见的行动对应着不可见的言说，语言"原罪"与他对恶的思考联系在了一起。这意味着，针对语言，并在语言之中展开的战斗既是"出埃及记"又是"天路历程"。这一悖论在要求着行动的同时，也要求着行动的真实与行动的超越。反过来，这同一种要求对行动者也同样适用。在此意义上，那位乡村教师并未消失，他与另外的一极，即思想中的行动并行不悖，但前者已然隐于幕后，可见的只有思想，就如同思想中的变化：早期假定性的框架（诸如"从永恒的观点"）成为框架的假定性（"语法乃是一种逻辑类型理论"）。与之相应，真实的维特根斯坦为象征的维特根斯坦，即语言行动的担承者所取代，象征的维特根斯坦为象征的含混取代。与此同时，个人时隐时现，因为对恶的思考使他成为隐身者（"你不要为自己画像"），而对真实的寻求或意欲实现真实使他如在目前。维特根斯坦命中注定要以独具的方式摇摆于欧洲人与犹太人、个人与象征的个人、哲学家与反哲学家、罪人与先知之间。正如他自己所言："一个真正的宗教思想家就像一个走钢丝的人。"（VB 1948）正是在这里，早期那种真实与象征的"双重性"开始获致其最佳表达。

对后期维特根斯坦来说，这种摇摆贯穿于其战斗之中。他的方法也受制于这同一种逻辑，维特根斯坦方法的计谋因此成为方法的必然性，并使得哲学与方法如同一体。这一点被淋漓尽致地展示于其语言行动之中，也使得悖论只能在暂时性的差异，诸如行动的

对象，方式及方法，以及行动的担承者中行使力量，
其实却很难实施区分。

三

依据维特根斯坦，语言正以其"魔力"或"神秘
化使用"占据着尼采以后的"世俗性"真空，以至"一
整个神话寄身于我们的语言之中"（PO 198）。因此，
为了不再在"偶像缺失的地方树立偶像"（"哲学所
做的一切均在摧毁偶像。这意味着不要再去制造新的
偶像，比如在'偶像缺失的地方'。"[PO 170]），
语言必须重新回归"世俗化"，回到它的"日常用法"，
从而规避其"空转"，也就是说，"让我们成为人"（Laβ
uns menschlich sein）！也许没有什么能比这句口
号更能体现出他对上帝的敬畏，但也没有什么能比它
更为含混（其危险一如胡塞尔的"回到事物本身"）：
成为什么样的人？目的何在？有无标准？况且，"日
常语言"指什么？尼采的"群氓"或者海德格尔的"常
人"所操的语言吗？还是弗雷泽的野蛮人所使用的语
言？抑或仅仅是个托词，以摧毁哲学或传达上帝的指

令？不仅如此，"游戏"是具体的，从而注定了其有限性，同时游戏又是"生活形式"的一部分，因而是无限的。这个悖论一方面似乎在向他《1914—1916笔记》中的"泛神论"致意，另一方面，正因为我们是人，我们才注定被诱惑：如果说这是其"语法"的一部分，那么它就不是其信仰的一部分。维特根斯坦深藏不露的信仰由此可见一斑。

行动并非判断，更兼就价值判断而言，其整体判断的毋庸置疑对应于局部的毫无判断。这隶属于其逻辑，也注定了其危险：尽管无神时代的渎神无异于捍卫可能的神祇，因为神不可能被伤害。但相对于其初衷，敬畏正滑向潜在的渎神，驱魔人开始成为魔鬼的兄弟。此外，被注定的还包括其行动的内容：组成哲学的无非"疑问与戏谑"，舍此无他。因此误解注定是其哲学的一部分，而非来自外部。同样，维特根斯坦行动的性质注定了其方法的"描述性"，而不是相反。描述意味着置身局外，同时又置身其中。一方面将断言悬置或使其假定化，从而呈现生活而非判定生活。不仅如此，持着于现象的他，也将一切展示为现象，以免被现象的"深度"所诱惑，就像胡塞尔那样。维特根斯坦所实施的其实是一种普罗普式的"形态学"

研究，甚至是一种"面相学"研究。另一方面，借助其描述的"点彩"手法，理论被分解为理论的张力，从而分解了理论，理论与实践的差异就此被取消，行动或战斗取代了一切。[1] 从黑格尔到维特根斯坦，似乎就像刘易斯·卡罗尔所说的那样，是从"没有笑的猫"到"没有猫的笑"：在谈及他与黑格尔的区别时，维特根斯坦认为自己使"一"呈现为多，黑格尔刚好相反。

因此，如果像维特根斯坦所试图做的那样，以假定的具体性投射具体性，那作为象征的行动注定会切回到实在的行动，即使界定它们的线不时地被悠然越过，那也照样无关宏旨，因为这条线的消长有赖于其"确定的情景"。正如摩西无异于荷马的诸神，但对信奉犹太教的人来说，他渡过红海的时间犹在昨日。不仅如此，早期被幻化的历史，现在作为象征意指着

1　正如柯亨所言："先知们绝非理论上的道德主义者。因而对他们来说，即使理论与实践间的暂时性区分也不存在。"（Hermann Cohen, *Religion Of Reason, Out of the Sources of Judaism*, New York, Frederick Ungar Publishing Co., 1972, p.143）此外，后期的维特根斯坦哲学非常类似修拉的"点彩"画法：修拉作品的成形有赖于空间的延展，而对于维特根斯坦，只有拉长的时间，或持有与之相应的情感弹性才能展示其让人赞叹的完整性。

自身，同时也消解着象征化的自身，历史因此得以回复。"时间之流"中的改变就此被成就（"如果'时间'意指变化的可能，那就不能说'时间流动'[PO 190]"），其影响必将立竿见影。这算得上从圣保罗到依纳爵·罗耀拉，直至卡尔·马克思的共同意图："改变我们的生活！"[1] 但依据维特根斯坦的"语法"，切换的方向注定是双向的，是在真实与象征之间来回切换，其速度刚好等同于我们的辨别力被模糊的速度。

有鉴于此，"确定性"绝非偶然地成为维特根斯坦晚期所关注的问题。[2] 如果全部人类的知识，包括对知识的信仰，都是不确定的，那么信仰应该是确定的

1　维特根斯坦对于哲学所应该达致的效果近乎苛求，在给自己的学生的一封信中他这样写道："如果哲学只是使你貌似有理地谈论一些有关逻辑的抽象问题，如果它不能有助于你对于日常生活中最重要问题的思考……那研习哲学又有什么用？"（AM 35）

2　"如果说我们的生命为死亡所包围，那健康的理智也为疯狂所包围。"（BGM 302）维特根斯坦在记下他的恐惧与绝望的同时也记下了他的使命，因为只有身置黑暗之中，才去追求光明，而追求完美昭示出缺陷。一方面，作为犹太思想中最重要的一个词，"和平"伴随着希伯来文化灾难频仍的历史；另一方面，高估魔鬼的力量意味着高估自己的力量，那是骄傲的一部分。只有将这一切看作背景，我们才能理解《哲学研究》前言中复杂的告白："在这个时代的黑暗中，以这份工作的贫乏，给这颗或那颗头脑带来光明未尝不可能；当然也并非可能。"

（"石里克说，在神学伦理学中，关于善之本质有两种观点：肤浅的解释是，善之所以为善，是因为上帝的意愿；深刻的解释是，上帝之所以意愿善，是因为它是善的。我认为第一种解释更为深刻，所谓善者，上帝之要求也。"[WWK 115]），或者应该设想那是确定的，因为任何可资辨明的确定都是不确定的，那么这种"设想"是信仰的一部分吗？还是沉默的一部分？如果继续持着于这个无人地带，维特根斯坦的全部努力将注定成为反讽，正是在此意义上，他对哲学家与常人做了区分：只有哲学家在误用我们的语言，常人却不会。似乎哲学家被符咒罩住，一旦离开这个魔圈，就像在噩梦中被推醒一样，他们就将回复正常，并成其为人。正如维特根斯坦所说的那样："哲学问题的解决类似于童话中的礼物，后者在魔幻城堡中看上去让人迷醉，但将其置于外面的日光下观看时，它无非一块普通的铁而已（或类似物）。"（VB 1931）不难看出，童话在此显然不止于譬喻：维特根斯坦隐秘地袭用了童话的机制。这与他漫长而无望的战斗恰成对比。

作为观察者的战士，早期维特根斯坦曾希望能与死亡"面面相对"，因为只有那样才能成为一个"体面"的人，而在后期，作为战士的观察者，他再一次提及这种愿望："英雄是直视死亡的人，是真实的死亡，而不单单是死亡的图画……一个戏子可以扮演大量的角色，末了他自己必定作为人死去。"（VB 1946）那么，是否应把维特根斯坦视为我们时代最伟大的英雄之一，就像他的同时代人 T. E. 劳伦斯那样？如若不然，是因为那不是真实，还是不应该看作真实？抑或一个双面的雅努斯不足以成为行动的典范，或行动的引领者？维特根斯坦有一次表达了对自己的困惑："我就像个孩子，常常想着的只是游戏而已。"（W 286）或许正是这种完全的无指向性使其思想成为精灵，从而构成影响未来的力量，因此应该设想，始终沉默的维特根斯坦是有道理的。[1]

1　维特根斯坦有一次说：要等上一百年，他的思想才能真正被人理解。这是什么意思？书尚未写出业已尘封？还是其接受者将随着时间的延续而逐渐成熟？一百年后的理解是唯一真正的理解吗？很难设想维特根斯坦会对所谓的"解释学循环"作出反应。不过有一点是确定的：真正的预言并非立于三维时间的背景，基于现在朝向未来的宣称，刚好相反，其深入历史或现实的高度正是其预言的高度。换一种说法，书写预言无异于力透纸背的现实刻画，一如巴赫金让人难忘的格言：我唯一的回忆是对未来的回忆。因此维特根斯坦针对历史的毋庸置辩的判断不啻神话的眼光：他只需将一切如实记下，所记下的一切就成了传奇。维特根斯坦在此意义上就像他眼中的弗洛伊德一样，是一种"强有力的神话"！（LCAPRB 52）

第一章
"沉默"的《逻辑哲学论》

倘若斯塔夫罗金有宗教信仰，那他也并不相信他有宗教信仰。

倘若他没有宗教信仰，那他也并不相信他没有宗教信仰。

——《群魔》第 3 部第 6 章第 2 节

《逻辑哲学论》1921 年印行，翌年英译本问世。[1]

1　同年《荒原》出版。这两部著作不仅同样让人生畏，内容也惊人地相似。《荒原》用诗的节奏将《逻辑哲学论》"逻辑空间"中发生或未发生的一切予以固定，与之相反，至少表面看去，《逻辑哲学论》语言的节奏更加隐蔽，却将表层让渡给有关语言与逻辑的探讨。事实上，与其说《逻辑哲学论》是一部哲学著作，毋宁说更像是一部诗篇。两者均禀具着抒情诗的内涵，但都近乎反讽地袭用了史诗的写法：虚拟的叙事性不时为抒情性所打断。此外，对最重要东西的隐而不说构成这两部著作间的另一种一致。不仅如此，《荒原》无所不在的弃绝，方式却是无限的援引（脚注中的援引是反讽，更是象征。当然，如果失去其脚注，一首忧伤赋格曲的 [转下页]

这本书单薄而又晦涩，以关于世界的言说开始，终结于沉默。维特根斯坦的哲学"咒语"以一种奇特的方式于其中连缀成篇，论证被特意抽去，更确切地说，论证已显得无谓，代之以无可辩驳而又刻意为之的口气。《逻辑哲学论》由五百余条长短不一的断言组成，按照十进位制予以排列。如果追随维特根斯坦所定的顺序，那昭然若揭的正是其音乐性：看上去就像是环绕七个主题展开的变奏，或干脆说就是一部"可说"变奏。在结束处戛然而止，随后是无限的沉默。如果将其次序打乱，那意味着阅读将随处可行，甚至可以从最后一句读起，然后逐级回溯。事实上，除非为"论证缜密"的阅读习惯所左右，人们很难逐句读至末尾。每条断言所具备的增殖性迫使人们不断地回复，于是"叠加阅读"要求着重复，重复成就着"叠加阅读"。顺序如何好像已无关紧要，甚至无异于维特根斯坦意图的反讽：这本提示性的短小著作所面对的似乎是无

［接上页］可能性也将随之失去），与之相对的则是《逻辑哲学论》毋庸置疑的单调（不论在何种意义上，对维特根斯坦来说，至少就《逻辑哲学论》而言，援引都是不可思议的）。有鉴于此，构成《逻辑哲学论》反讽的恰好不是意图，而是"逻辑"；反过来，那恰好是逻辑使然。

限问题，他似乎也试图将其读者引入无限。《逻辑哲学论》，尼古拉·巴赫金说，让他想起前苏格拉底的断简残篇，尤其巴门尼德。[1] 这句评语的深刻性要系之于海德格尔对此类残篇的评注，他所谓的"敞开"与"遮蔽"的双重性质。这种双重性在某种意义上几乎可以同等地适用于《逻辑哲学论》，只是更像是出自维特根斯坦的计谋，而不是问题本身。[2] 写于战壕

1　尼古拉·巴赫金是他早年的对话者，也是促使维特根斯坦朝向后期转变的重要人物之一，其兄弟正是米哈伊尔·巴赫金，论述"对话"及"狂欢节文化"的伟大思想者，这一点绝非偶然。米哈伊尔·巴赫金与后期维特根斯坦之间有着毋庸置疑的对应性，尽管他们面对问题的方式不尽相同。事实上，晚期维特根斯坦哲学可被恰如其分地视作一系列隐蔽的"对话录"，此外，虽然没有"广场"上的狂欢场面，但其"虚拟国度"充斥着各色人等，诸如泥瓦匠、机修工、园艺工人或平庸的象棋手，多少有些天赋的音乐爱好者，以及始终在做演算的业余数学家。他们似乎都来自《格林童话》，并且戏谑无处不在。

2　《逻辑哲学论》是被大海困住的礁石。有一点维特根斯坦是对的：那是唯一可以立足的地方。但礁石之上只容得下一个人，那就是维特根斯坦本人，确切地说，是写作《逻辑哲学论》的维特根斯坦。因而，如果严格依照维特根斯坦，那我们只须将其所说的一切逐字重述一遍，然后在其沉默处停下来；我们只须如此即可。反之，为了看清他的界限，我们必须跨过他的禁忌；为了更好地测定其沉默的方位，我们注定要言说那不可言说者。换句话说，我们需要更多的"梯子"。当然，梯子是用来登高，而不是用来绊人的。

中的《逻辑哲学论》一方面是个"经验事实",另一方面,这个事实注定了一切:"一个个人"、他的孤寂、沉思者成为战士、观察者的狂热或冷漠、上帝、伸手可及的死亡,当然还有幸福。所有的这些可被宽泛地称为伦理学与宗教的一切莫不在其哲学中获致启示,我们将在《逻辑哲学论》中目睹其痛苦的"变形"。它更少隐蔽的证词被载于《1914—1916年笔记》。

引　言

《逻辑哲学论》的性质始终处在争论之中。《逻辑哲学论》是一部并仅仅是一部逻辑哲学著作?抑或不仅仅是逻辑哲学著作?甚至不主要是逻辑哲学著作?有关语言、世界及逻辑的言说占据了《逻辑哲学论》绝大部分的篇幅,因此说它是一部逻辑学,一部语言哲学,甚至一部主要是论述"图像论"的著作好像均无不可。《逻辑哲学论》的影响似乎也印证了这一点;它影响了所谓的"维也纳小组",某种程度上的罗素,并给予哥德尔等才智之士以深刻印象。正因为如此,对于晚期的维特根斯坦哲学,他们几乎异口同声地表示不解，甚至予以排斥。

作为最早接受《逻辑哲学论》影响的人物之一，晚年的艾耶尔承认这种影响乃误解所致。这当然不是什么反证，恰好确证了《逻辑哲学论》的性质远非如此。正如魏宁格所言："从未有一位真正的哲学家建基于经验主义之上，也从未有一个英国人毋需外在帮助能够超越经验主义。"[1] 在某种意义上，可以说维特根斯坦半是自然、半是故意地选择了分析哲学外观，维特根斯坦本人的态度更是表明了这一点：他愤怒地指责罗素在为《逻辑哲学论》所写的前言中误解了自己；在由维特根斯坦参加的"维也纳小组"的聚会上，在石里克等人严肃地讨论哲学问题的同时，维特根斯坦在一旁高声朗读泰戈尔的诗篇。[2] 在其《笔

---

1 Otto Weininger, *Sex & Character*, London: William Heinemann, p.317.

2 维特根斯坦的确说过他喜欢泰戈尔的诗，甚至不止一次，但这说明不了什么。他同样说过托尔斯泰的《论艺术》使他受益匪浅，他甚至从那些愚蠢的好莱坞影片，而非故作正经的英国影片中获致良多，更不用说他在侦探小说与学院派的《心》（*Mind*）之间所做的著名对比了（"能读到 *Street & Smith* 的人怎么可能去读 *Mind*？如果哲学与智慧有什么关系的话，那它无疑不在 *Mind* 里面，而倒是常常在侦探小说中。"［AM 32］）。

记》中，维特根斯坦认为："伦理学应该被设想为某种基本的东西。"（TB 2.8.16）在《伦理学讲座》的结尾，他表达了对此类言说的敬意，并再一次提及言说的困境："我的整个倾向，并且我相信，这也是所有那些试图写作或言说伦理学或宗教的人的倾向，就是去撞击语言的界限。对我们牢狱之墙的此类撞击是彻彻底底没有希望的。源于意欲去言说生命根本的意义，终极之善，以及终极价值的伦理学不可能是科学。无论在何种意义上，它之所说均无助于增进我们的知识。但其乃人类心中一种意向的证词，我个人禁不住对此深怀敬意，并且毕生都不会去嘲笑它。"（PO 44）[1] 对此问题最明确无误的表达可在他致芬克的信中找到："其实您不会对之感到陌生，其要旨是伦理

1　这正是为什么在提及陀斯妥耶夫斯基时，维特根斯坦认为这位俄国作家最伟大的作品不是《罪与罚》，也不是《卡拉马佐夫兄弟》，甚至不是《群魔》，而是《死屋手记》（两人共同的囚徒经历不足以解释这一点）。这部用白描手法写就的书几乎完全没有后期著作中那种深入的心理刻画，及对伦理，尤其宗教问题的广泛探寻，正是其朴实无华的"叙述"造就了其感人至深的力量。在他看来，即使最伟大的心理分析（例如《卡拉马佐夫兄弟》，尤其是《群魔》中让人惊栗的段落），仍然像那些过往伟大的形而上学体系一样在撞击语言的界线，或者试图越过沉默的边界。在偶然论及《存在与时间》时，他重复了这一点。

学意义上的。我一度想把一个业已抽掉的句子放进前言之中，现在为您把它写下来，因为对您来说，它也许是理解这部著作的关键。我所写如下：我的书由两部分构成：这里所呈现的部分与我没有写出的部分。恰恰是这第二部分才是重要的。我的书从内部为伦理学领域划出界线，我相信这是划界唯一严格的方法。简言之，我相信：所有的那些现今许多人正夸夸其谈（Schwefeln）的一切，我已在书中通过沉默予以固定。如果我没有搞错，这部书将因此说出许多您自己也会说出的东西，也许您只是没有看出而已。我恭请您阅读'前言'与'结尾'，在那里对此意谓有着最直接的表达。"（W 147）

于是，这部逻辑哲学著作，更展示为一部伦理之作，甚至某种程度上的宗教著作："祈祷是对生之意义的思考。"（TB 11.6.16）这是否意味着，只要我们将《逻辑哲学论》重述一遍，毋需任何解释，它就必定呈现出全然不同的面貌？重述，即使无数次的重述未必能够改变我们最初的印象，这当然与其计谋息息相关。问题在于，尽管维特根斯坦拒绝对伦理及宗教作出言说，但正如罗素不无讥讽的评点："维特根斯坦先生还是说出了一大堆不能说出的东西。"不过，他所说出的一切无不隶属于他所谓的"梯子"范畴，我们亦可称之为"虚拟性言说"。显而易见，言说意在不说，反过来，沉默并非无言，而是开口说话。

事实上，维特根斯坦的"虚拟性言说"涉及众多（尤其在准备性的《笔记》中）。举凡上帝、自我、幸福，以及美，等等，几乎无所不包，正是在这里，我们才得以确证这位戴着逻辑哲学面具的伦理、美及宗教的沉思者，维特根斯坦的悖论也因此以最为尖锐的方式呈现无遗：伦理著作拒绝伦理的言说。对此悖论的解决构成了维特根斯坦的主要任务，正是在这种解决中维特根斯坦淋漓尽致地展示出他的天才：展开中的《逻辑哲学论》既是趋向沉默的过程，又是消解所为沉默的过程，其"逻辑"的"建构性"同时正归结为"功能性"，从而被消解。《逻辑哲学论》展开的过程因此不啻双重消解的过程，且彼此消解。作为逻辑前提的沉默现身于逻辑的尽头，反之亦然。

言说的沉默

维特根斯坦伦理言说的复杂源于其试探性和欲言

又止。这是其困境的一部分。言说的主体、言说的对象、言说的处境等无不以让人困惑的方式杂然并陈，其中大多未加指明，且不乏让人目眩的转换。是我或"经验之我"，还是"自我"或"自我虚拟的代言者"在言说？谁在观看？是借助普通的视角，还是"从永恒的观点"（sub specie aeternitatis）看？是我置身其中的世界，还是自我所界限的世界？维特根斯坦伦理言说的相互冲突应在此多重差异中获致解释，但对此差异的不加区分也许更应被看作蓄意的结果。正是这种视角与称谓的蓄意含混显得意味深长，它们使言说（严格意义上只能是"虚拟性言说"）得以可能，但随着模糊渐趋清晰，言说将被滞止，被沉默取代，或为沉默消解，甚至于，言说似乎就像从未形诸过声音似的。言说与对言说的消解因此紧密相连。

不仅如此，我只能基于我自己，我的血肉之躯，克尔恺郭尔意义上的"这个个人"，我所置身其中的这个世界实施言说，与别人无涉："别人就这个世界对我所说的一切微不足道。"（TB 2.9.16）因此在《逻辑哲学论》的前言中，维特根斯坦鉴于师承提及弗雷格与罗素，即便如此，这种提及依旧显得不同寻常，理解这种不同寻常需要对照他对其他哲学家所持的态度："我的努力与别的哲学家符合到何种程度，我不想加以判定。的确，我在这里所写的在细节上并不要求创新；而我之所以没有指明思想来源，是因为我思考的东西是否已为别人先行思考过，于我是无关紧要的。"（LPA 前言）维特根斯坦对他人的工作合乎逻辑地表现出罕见的冷漠，同样合乎逻辑的是，正是这两位被致以谢忱的人让他最为失望：弗雷格"一个字也没读懂"，至于罗素，众所周知，误解了他。于是，他不能再"指望什么人能够理解它"。这也难怪，《逻辑哲学论》堪称维特根斯坦的"私语"，是他低沉的"宣叙调"："只有从我生命独特性的意识中才能产生出宗教—科学—艺术。"（TB 1.8.16）他甚至说："几乎我的全部著作都是我对自己的独白。我所说的种种事情都是我与自己的密语。"（VB 1948）[1] 但是，依据个人所进行的辩护既是极端重要的，又是无谓的。正是这一点铸就了其伦理言说的基调：表达的极端个

---

1 后期的维特根斯坦一方面绝非偶然地对"私人语言"展开了详尽的批判，另一方面，除却其毋庸置疑的重要性，就集中和连贯性而言，"私人语言批判"也许是绝无仅有的例证，因此才不断地被人提及。事实上，"私人语言"恰恰因对"私人语言"的探讨而不存在；反过来，试图一劳永逸地根除"私人语言"的努力本身证实了"私人语言"的存在。

人性与对个人性的极端消解。它与言说及消解言说的悖论联系在了一起。

维特根斯坦的伦理言说围绕幸福与不幸展开，并注定与意志相连。无论自我，还是经验之我，意志都是决定性的。一如叔本华的世界，维特根斯坦的世界也为意志所充满："能否设想这样一种存在，即只能想象（诸如看到某物），但无力于意志？这在某种意义上是不可能的。如若可能，一个没有伦理学的世界也就可能。"（TB 21.7.16）因此意志与做或行动是一体的，"没有行动，无从意愿"，所以"不可能去意愿，却未能在行动上予以实现"。意志的能否实现决定了幸福与否。幸福与不幸相反相成，两者本为一体。为了避开悲剧，让我们从不幸开始。[1]

如若有一天，"就像世界是我的表象一样，世界的意志也是我的意志"（TB 17.10.16）。这显然不是经验之我的声音，不然我必定是幸福的。如果"一个人不能实现自己的意志，那他必定要承受这世界所有的苦难，如果那样，他何以幸福？"（TB

---

1 "一个真正宗教性的人是无所谓悲剧的"（RW 107），就像但丁的旅程，他的《神曲》（《神的喜剧》）注定从地狱开始，在天堂作结，这是喜剧最规范的线路。

13.8.16）的确如此："世界独立于我的意志。"（LPA 6.373）并且，"即使我们所希望的一切都会发生，这也只能说是命运的恩赐，因为在意志和世界之间没有保证这一点的逻辑联系，而假定的物理联系又不是我们自己所能意愿的东西"（LPA 6.374）。正如加缪所言："一块石头是怎样地否定着我们呀！"一旦如此，我的不幸几乎是注定的，那么我如何能够幸福？幸福究竟又是什么？

幸福的标志尽管不可能是物理的，而是形而上的、先验的标志，但维特根斯坦的幸福概念总是与具体物，与历史，经验世界，即时空中的世界，以及作为血肉之躯的我紧密相连，因此与其说他在论述幸福，不如说在论述时间、死亡与恐惧。幸福的生活没有恐惧，甚至不会面对死亡，并且"只有当我生活于当下，而非时间之中时，我才是幸福的"（TB 8.7.16）。换句话说，"谁生活于当下，谁就没有恐惧与希望"（TB 14.7.16）。谁也就因此获致了永恒，如果"我们不把永恒理解为时间的无限延续，而是理解为无时间性，那么此刻活着的人，也就永恒地活着"（LPA 6.4311）。相反，生存于时间之中正是我们不幸的原因，因为时空中的一切如它们之所是而是，如它们之所发生而发生，偶然就这样时刻摧毁着我们："使它们成为非偶然的那种东西不可能在世界之中。因为如果在世界之中，它本身就是偶然的了。"（LPA 6.41）我的幸福显然等同于我出离时空的努力。如果只有我的身体隶属于时空，如果能够依附于我的灵魂，那我是否能够幸福？"不仅人的灵魂在时间上的不灭，或者说它在死后的永存，是没有保证的，而且在任何情形下，这个假定都达不到人们所不断追求的目的。难道由于我的永生就能把一些谜解开吗？这种永恒的人生难道不像我们时刻的人生一样是一个谜吗？时空中人生之谜的解答，存于时空之外。"（LPA 6.4312）既然如此，我如何才能获致幸福呢？

"当生命停止或成为问题，人是否仍能生存？那时人将生存于永恒，而不再是存于时间之中？"（TB 6.7.16）自杀问题因维特根斯坦的追问而被涉入。有一次，当罗素问他究竟是在思考逻辑还是在思考其罪恶时？维特根斯坦回答说："都是！"并为此提供了一个变体：去死，或者写出伟大的著作！（W 76）就获取幸福而言，这不失为两条出路，但其性质却是一致的：自杀或变相自杀。[1]自杀是什么呢？肉体的消亡？生之狂喜或某种幸福的极致？或别的什么？尤其重要的是：自杀会使我超乎生存之上吗？在论及自杀时，叔本华认为自杀并非否定，而是对生命意志的肯定，甚至是强烈地肯定生命意志的现象。但由于只有借助认识或静观才能将意志取消，自杀因之受到谴责。[2]

1　实现意志意味着勇气的展现，亦可以间接地，即借助"知识人生"使意志得以实现。这不啻迂回之策。"为了幸福地生活，我必须与世界相谐和。这叫作'幸福的存在'。"（TB 8.7.16）我们在《审判》的结尾可以读到下面的话："逻辑无疑是不可抗拒的，但它阻挡不了一个想活下去的人！"如果不是去活，而是去死。换言之，如果不与逻辑对抗，而是藏身其后，代价就是弃绝，紧随弃绝的是孤寂与永生。与之对照，在一个凄清的夜晚，渴望存活的约瑟夫·K被不明不白地屠杀于荒郊。

2　参见《作为意志与表象的世界》第四部第69节。同样杰出，也许更为杰出的叙述见于《群魔》（南江译，人民文学出版社，1983年）第三部第六章。"顺着自己的思路走进坟墓"的基里洛夫认为：假若没有上帝，那么我就是上帝。理由在于："要是上帝存在，那么一切意志都是他的意志，我也不能违背他的意志。要是他并不存在，那么一切意志都是我的意志，我也必须表达自己的意志"，因而，"我必须开枪自杀，因为我自己意志的最高点就是自杀"。此外，拉斯科尔尼科夫对老太婆的谋杀显然早于尼采对上帝的谋杀。拉斯科尔尼科夫的罪恶不同于亚当的堕落，与亚当的懵懂和谦卑相对照，清醒与骄傲构成拉斯科尔尼科夫最突出的特点。顺便说一句，这也是陀斯妥耶夫斯基那些最让人难忘的（转下页）

维特根斯坦无疑受到了影响，但做了修正。他将意志更紧密地与自我相连："如果没有意志，也就没有那世界的中心，即被我们称为'自我'，并作为伦理学担承者的东西。"（TB 6.7.16）自我是先验的，立于时空之外，是世界的界限，不属于世界。因而在某种意义上，自杀无异于朝向自我的飞奔，确切地说，类似于某种"跳跃"，就像克尔恺郭尔朝向信仰的"跳跃"。这是通向幸福的道路之一，而幸福正是人生的目的，对此维特根斯坦一再重复：幸福地生活！不仅如此，这也是对生命意志的极端肯定，就像叔本华所说的那样。如果这样的话，自我何以与上帝相区分？对意志的肯定何以区分于献祭？

献祭不是去死，而是去生，这是毫无疑问的。不过是献给上帝，还是自我？尼采以后，这种选择已不复存在："我们可以把生命的意义，即世界的意义称作上帝。"（TB 11.6.16）因此，这里的亚伯拉罕奉献的不是以撒，而是自己，并且他的祭品没有祭台，

（接上页）人物（诸如伊凡·卡拉马佐夫及斯塔夫罗金）的共同特点，甚至可以说，这堪称笛卡尔以来的近代精神的标志之一。当然，这也注定了陀斯妥耶夫斯基那些主人公的结局：伊凡终于发疯，斯塔夫罗金在清醒中谋杀了清醒，那算得上疯狂的另一种形态。

因为其献祭并非出自上帝的召唤，而是自行其是。"如果你奉献了祭品并对此自鸣得意，那么你和你的祭品都将受到诅咒。"（VB 1937）此时的献祭已与谋杀无异。不仅如此，在维特根斯坦的上帝的容颜中隐约可见一个父亲的形象："上帝因如此譬喻而与父亲相连。"（TB 11.6.16）如果针对这两者中的任何一个实施谋杀，后果都是万劫不复：要么是俄狄浦斯的罪恶与苦难，要么在没有上帝的地方谋杀上帝。后者是无限的骄傲。维特根斯坦绝非偶然地一再提及"最后审判"，并且满怀恐惧。对他来说，宗教在某种意义上就是"最后审判"。正因为如此，"自杀是一种基本的罪恶"，其含义是多方面的，因而"如果自杀能被允许，一切都将被允许。如果有什么不被允许，自杀就不被允许"（TB 10.1.17）。自杀尽管被禁止，但在嗣后的岁月中，自杀的念头却始终与他相伴。[1]

---

[1] 维特根斯坦本可以留在后方（他的姐姐为此多方奔走），但他主动请缨，且作战英勇，几度历险。并且，即便在其生命的晚期，自杀的念头仍时有闪现（AM 76）。此外，维特根斯坦绝非偶然地对斯麦尔佳耶夫表现出非同一般的兴趣："最让我感兴趣的莫过于看到，一个斯麦尔佳耶夫这种性格的人，而不是阿辽沙，何以得救？"（RW 108）

通向幸福的第二条道路是"知识人生"，成就"伟大的著作"正是"知识人生"的最好表征。"这世界的苦难不能祛除，幸福何以可能？"回答是："通过知识的人生"，并且"尽管这世界有着苦难，知识的人生仍是幸福的人生"。（TB 13.8.16）"我"正是借助"知识人生"得以置身局外："只有当我能够使自己独立于世界——它仍在某种意义上实施统治——只有这时，我才能避开所发生的影响。"（TB 11.6.16）同时正是借助"知识人生"，我得以成为观察者，严格地说，是永恒的观察者："一般的观察方式是从其中观察对象，'从永恒的观点'看是从外部"，因此会将"整个世界看作背景"。（TB 7.10.16）这时的我是幸福的，也只有在此位置上，我才像个"人的样子"，是个"真正的人"，一个有"精神"的人，正如托尔斯泰所言："人在肉体上是无力的，但凭借精神可以自由。"（W 124）存于这里的要么是超越或消解，要么是永生或变相的自杀，但其意谓都是同等的。并且，"知识人生"堪称美之实现的人生，因而注定与幸福相连："艺术作品是'从永恒的观点'看去的对象；而善的生活是'从永恒的观点'看去的世界。这正是艺术与伦理学的联系。"（TB 7.10.16）

结论是自然而然的："幸福因美而可能。"（TB 21.10.16）只有我是幸福的，只有这时，世界与人生才是"一体的"，也只有这时，人才是"小宇宙"，也只有这时，正像世界的表象是我的表象一样，世界的意志才是"我的意志"，我因此实现了自己的话：幸福地生活！

可是，自我消解必定意味着朝向"自我"的让渡吗？被问者似乎猝然遭遇了深渊：所有让人目眩的转换归于停滞，所有的线索均被打断，回溯已不可能，甚至从未有过什么回溯的道路。近乎无限的疑问接踵而至：消解后的我是"自我"吗？消解后的世界是"逻辑世界"吗？那时的我是幸福的，还是不幸的？那时的幸福与不幸是否还能说出？那时的"我"是谁，或谁是"我"？那时还有那时吗？发问又将如何可能？对所有的这一切，有无绳索可以攀缘而过？

维特根斯坦的论述不乏暗示。在《逻辑哲学论》中业已被分开的关及身体与自我的论述在《笔记》中被放了一起："哲学上的'自我'不是人，也不是人的身体或有着心理学特性的人的灵魂，而是形而上的主体，世界的界线（而不是其部分）。不过人的身体，尤其是我的身体，是世界的一部分，与动物、植物，石头等隶属同一层面。"（TB 2.9.16）从中无法做出某种类似因果推论的东西，与之相对，存于传统形而上学，或基督教中的肉体与灵魂的关系，为"肉体"与"自我"的关系，确切地说，为这两者间业已斩断的关系所取代：肉体属于世界，而自我却不。试图在我与自我，我所经验和观察的世界与自我所界限的世界之间寻求对应的努力注定是徒劳的。

不仅如此，《逻辑哲学论》的线路是从言说推进到沉默，从个人性到非个人性，从人到非人。其轨迹显然不是直线，因果性因此被祛除，也不存在任何形式的连续性，代之以一些隐秘的跳跃。但每一次跳跃都是一次消解，每登高一步，其用以登高的"梯子"都被扔掉，所有前行或还原的道路悉数被截断。规定不再是转换而是弃绝。就像一个极端的飞行者，为了飞得更高，他剁掉了自己的双腿。就这样，我的观察，我所观察的世界，我的激情，我痛苦的冷漠，我的幸福与不幸均被弃绝，甚至不是弃绝：就像这所有的言说从未存在过似的。只有一个世界，那是"从永恒的观点"看去的世界，自我是其界限。

只有在消解后的"逻辑世界"中，所有被消解的一切，所有的个人性（"没有思考着或想象着的主体这种东西"〔LPA 5.631〕），所有的历史性（"历史上发生的一切与我何干？我的世界是最初的和唯一的"〔TB 2.9.16〕），所有的传统与文化（"如果存在任何有价值的价值，那它必定处在一切发生和既存的东西之处。因为一切发生和既存的东西都是偶然的"〔LPA 6.41〕）才重新获致了自己的位置："事实上，我们日常语言中的所有命题，正如它们本来的那样，在逻辑上是完全有条理的。——我们必须在这里提及的是最简单的东西，不是类似于真，而是完整的真本身。（我们的问题不仅不是抽象的，而且也许是所有问题中最为具体的。）"（LPA 5.5563）正如他后期所言："哲学留下了一个原样的世界。"的确如此，世界是原封不动的，不过那是一个何等原封不动的世界啊！一如《阿莱夫》中的告白："世界在变，而我却不，我以悲哀的自负想道。"此处"我"似乎已不是来自我自己，而是来自外部或远方，来自无从规定的位置。当然伴随视角的不同，世界与我的位置也在不断地切换。从维特根斯坦到《逻辑哲学论》的作者，不仅是从专名到摹状词，更是从不幸到幸福，尤其是从对我的弃绝到对世界的弃绝，从自我警示到警示之作，最后是从"计谋"到"天真"，似乎毋需人力而自然天成，并且在超越个人的同时，也超越了一切。消解就这样逐级而行。[1]

　　一个被如此构建的世界是"我"的世界吗？我是谁？我是自我吗？当然不是。是其代言者吗？那是虚拟的，虚拟只属于虚拟，那么我是我个人吗？易言之，我代表着我的血肉之躯吗？如若这样，我既可以是我，也可以是"别人"，因为我是无谓的。一个被如此构建的世界是幸福的世界，还是不幸的世界？"幸福的世界不同于不幸的世界。"（LPA 6.43）那是否是说，一个幸福的世界比邻而居于一个不幸的世界？这显然是可笑的。事实上，要么是幸福的世界，要么不幸的世界，从来如是且永远如是。[2]它是幸福的吗？如若

1　《逻辑哲学论》的细节是否可疑是次要的（细节其实不会有问题，因为所有的问题均在"逻辑空间"中展开，因此将所谓的"证实问题"归之于维特根斯坦是荒谬的），重要的是其建构的质朴，它的对称及坚实的美，就像他自己的建筑，像一个掩体。作为掩体的《逻辑哲学论》近乎坚不可摧，但却是透明的。毫无疑问，复杂的《逻辑哲学论》有着毋庸置疑的"天真性"：从《逻辑哲学论》到后期的转变几乎对应于布莱克的《天真之歌》转变为《经验之歌》。在提及布莱克的《地狱箴言》并声称其中包含着许多深刻的思想时，维特根斯坦突然脱口而出：I'm sure this Jesus will not do / Either for Englishman or Jew.（RW 151）

2　如果我是幸福的，那我将"立于世界之中，就像我的（转下页）

它是幸福的，那我幸福的见证拒绝见证我的幸福；如若它是不幸的，我不幸的见证同样拒绝见证我的不幸，因为不幸或幸福的言说已被不幸或幸福的呈现消解。只有相对于我，这种呈现才是呈现，我已不再是我，已被自我消解，而自我已成为这种呈现的一部分，不幸或幸福的见证因而无从说起。言说就这样为沉默取代。

（接上页）眼睛在其视野之中"（TB 11.6.16）。但我是不幸的，正是我对幸福的追求招供了我的不幸，这一点是注定的。在后期，在谈及莫扎特与贝多芬时，维特根斯坦说他们是上帝的好孩子，而自己是坏孩子。这并不意味着有一种可能可以使之由坏变好，当然不是，这一点同样是注定的，正像别人注定生活在幸福之中，而我注定要去追求幸福一样。"幸福的世界不同于不幸的世界"！它们之间不存在相互转换，因为那是先验的。这是"宿命论"吗？对此他只提供了一个消解的样本："在监狱中你被拘于囚室，不得自由活动。而我立于此间，可以随意活动。设想在这间房子的下面有一个人，他和其他人待在一起，并对他们说：'看哪！我可以使维特根斯坦丝毫不差地按照我的意愿走动。'他有一个机械装置，并通过曲柄予以控制，而你们将会看到（借助镜子），我丝毫不差地按照那个人的意愿来回走动。于是有人走上前来对我说：'你是被操纵的呢，还是自由的？'我回答说：'我当然是自由的。'"（PO 434）

沉默的言说

"回溯"是必然的又是无谓的。世界存在着，它就在那里，这才是让我们惊奇的东西："世界是怎样的这一点并不神秘,而世界存在着,这一点是神秘的。"（LPA 6.44）更让人惊奇的是，它建构的精美既不是用来居住也不是用来观赏的，而是为了居住必定将被闲置的。换言之，只是为了被消解，它才被建构："如果这本书有一点价值，就在于两点：第一是书中表达了一些思想，因此这些思想表达得愈好——愈能说到点子上——其价值也就愈大。第二点就是：它表明了当这些问题获致解决时,所做的事情有多么少。"（LPA 前言）这两点刚好构成悖论，并且为沉默与言说划定界线的不是"思想"而是思想的"表达"。前者决定了其"正面"消解的进程（如果将其对伦理言说的消解称作"反面"消解的话。两种消解其实相反相成），后者决定了它的风格。两者须臾不离：风格融于消解的进程；消解现身于风格的营造。

任何一个在《逻辑哲学论》与《笔记》之间做过比较的人都会惊奇地发现，前者是精心写就的，其措辞刻意至极。维特根斯坦在致芬克的信中道出心声：

"严格而言，我的著作既是哲学的又是文学的，其中没有浮夸。"[1]这是否在说，哲学意指其逻辑的建构，文学即谓风格的营造？当然不是。哲学即是文学，文学即是哲学，两者浑然一体。"幸福因美而可能"，哲学的文学或文学的哲学必将实现于美。就维特根斯坦而言，美之实现并非实现于美之言说，而是在美之展示中被实现。换句话说，美之言说为美之实践所取代，并最终用来拒绝美的言说。因此，我们只是在隐喻意义上才称其为诗篇、建筑和音乐，总之，是一部艺术品。事实上，作为音乐，它无法被倾听；作为诗篇，它是献给耳朵的；作为哲学，它默不作声。表面

1　转引自 Joachim Schulte, *Wittgenstein: An Introduction*, Albany, State University of New York Press, 1992, p.41。就《逻辑哲学论》而言，舒尔特正确地辨识出风格异乎寻常的重要性，但远未触及风格的根本；风格从来不是单纯的，对维特根斯坦尤其如此。对此风格更为一般性的评述见于埃里希·海勒（Erich Heller）："也许在其他语言中，只需才能即可写出此种散文，但在德语中，非天才无以至此。"（Erich Heller, *The Importance of Nietzsche*, Chicago and London, The University of Chicago Press, 1988, p.141）作为风格的《逻辑哲学论》无法被对象化，它像《道德经》（东方文化中最崇高的散文）一样意味着一种限度；既是思考的限度，也是表达的限度：超出前者必然是沉默，后者的延伸则是文学。

看去，《逻辑哲学论》不过是些消解练习。问题在于，如果将伦理言说的消解称作"隐性"消解，那么"显性"消解正是逻辑世界的消解或建构，因为两者是同一的。《逻辑哲学论》对沉默的靠近因此成为沉默的言说："一切逻辑命题之所说都是相同的，即什么也没有说。"（LPA 5.43）

维特根斯坦"显性"或正面消解的奇特性在于，逻辑建构越是精确和无可辩驳就越无价值，或者说，正如无可辩驳的规定反衬着无以规定一样，它无价值的"深度"对应着价值的"深度"，这正是其价值所在。"哲学将通过清楚地表达可说的东西来指称那不可说的东西。"（LPA 4.115）功能性是显而易见的，同样显而易见的是功能的反动，即审美的纯粹性："他深情地说起那部皇皇巨著（《数学原理》［*Principia Mathematica*］）的美，发现它就像音乐。"（W 74）因此，维特根斯坦风格的实质在于功能与审美的同一：愈是功能的，就愈是审美的；愈是审美的，就愈是功能的。正是这种悖论促成了其审美的不确定性，也正是这种不确定性造就了其审美。所以，正如最崇高的风格恰恰不是风格一样，最大的功能性就是对功能性最大程度的消解。这样的话，相应于"幸福因美而可能",它的反面,即"美因幸福而可能"也是完全正确的;美反过来印证着伦理的可能,因而"其中没有浮夸"。伦理与美于是合为一体:美之伦理使其恭从于上帝,伦理之美使其有益于人。因此,维特根斯坦的逻辑建构堪称风格的延伸,而不是为风格所修饰;如果有表里之分,那可以说互为表里。

逻辑问题因此而被引入,因为正是逻辑的性质或被赋予的性质注定了它的位置,正是可以规避"夸夸其谈"的逻辑成为言说的中心,而只有更好地言说,更好地沉默才得以可能。有鉴于此,既可以说是在谈论逻辑,亦可说是在谈论风格。所有谈论的入口是对世界的谈论。如果没有对世界的建构,界线就将无从划定;如果没有界线,也就没有沉默的位置;如果没有世界,逻辑将无从表达。反过来,如果没有逻辑,可以在何种意义上称其为"世界"呢?维特根斯坦绝非偶然地以对世界的规定开篇,但是,以世界开始就是开始于逻辑。于是没有逻辑,我们只能无谓地实施"描述",有了逻辑,对世界的规定就成了"描述":"规定就是描述这些命题",至于"命题的描述如何产生,那是不重要的"。(LPA 3.317)逻辑因此是独立的,是"先天"的,"逻辑之所以是先天的,就在于不可能非逻辑地思考"。（LPA 5.4731）因此它是非个人的，并且是客观和必然的，同时逻辑的多重性质不啻同一性质的多种体现。"体现"使我们又回到了世界之上。这种头尾相连几乎无所不在，因为就逻辑而言，这正是题中应有之义。

对维特根斯坦来说，"不变者、实存者和对象是一个东西"（LPA 2.027）。事实、发生的事情、事态，以及实在也在同等意义上被使用；与之对应，由名称、命题记号、基本命题、基本命题的真值函项，即复合命题组成了一个看上去渐趋复杂的系列。其实不然。"命题是实在的图像"，但只限于基本命题对实在的图示，并不存在与复合命题相对应的实在："对象是简单的。"（LPA 2.02）复合命题建基于基本命题："真值函项不是实质函项。"（LPA 5.44）此外，只有涉及基本命题的意义才会涉及其真假，只有这时才会将其与实在相比较，因而不能借此做出一元论或二元论，或融贯论，甚或反映论的推论。依据维特根斯坦，"图像是一种事实"（LPA 2.141）。因而"图像"理论并非是朝向实在的超越，正像实在论与唯我论只存在表面的区分，其实是一致的："唯我论的自我收缩为无广延的点，保留的是与它相关的实在。"

（LPA 5.64）"图像"理论的重要性在于其建构的重要性。此外，"逻辑先于关于'如何'的问题，而不先于关于'什么'的问题"（LPA 5.552），因为，"假如即使没有世界也有一个逻辑，那么为何有了一个世界就有一个逻辑呢？"（LPA 5.5521）于是，"图像"理论既是逻辑的一部分，又是逻辑应用的一部分，两者的区分是同一的区分，也是区分的同一。"理解一个命题意味着知道若命题为真事情该是怎样的。"（LPA 4.024）也就是说，"如果我们处在必须通过观察世界来回答这类问题的境地，那就表明我们已经陷入了完全错误的思路"（LPA 5.551）。反过来，虽然个别情形总是一再表明是不重要的，但"每一个别情形的可能性都揭示了关于世界本质的某种东西"（LPA 3.3421）。因而"一个命题有着贯通整个逻辑空间的力量"（LPA 3.42）。可能性是重要的，但可能性是现实性的一部分，当然也是必然性的一部分："命题必定包容着真理的可能性（并如此意指）但不再将其视为可能性。"（TB 21.10.14）

"逻辑中没有偶然的东西"，更兼逻辑是客观的："逻辑必须自我关照"（LPA 5.473），不仅如此，所有的言说是逻辑，甚至是语言自身在言说。彻底祛除了个人性和心理因素的言说到了如此地步，以至逻辑言说的权威性俨然发布神谕的权威性。权威性意味着不可抗拒，同时也启示着谦卑："一切逻辑命题之所说都是相同的，即什么也没有说。"易言之，整体而言的逻辑言说或逻辑建构是重言式，而关于自我的言说是矛盾式。

维特根斯坦对世界或逻辑的断言因此一方面是复杂的，它必然承载着"叙事"的多重性：每一句断言都是一次弃绝，是某种祈使，以及风格的营造，甚至每一次断言都是一次祈祷；另一方面，它又简单至极，恰似他后期的戏谑之言：那时的他只是一位"逻辑学家"，仅此而已。当然，这里的复杂并非简单的反面，而是简单的启示，所以维特根斯坦才以最肯定的方式展开否定，而否定又是最肯定的。斯宾诺莎说："一切规定皆否定。"[1]这不仅是斯宾诺莎的告白，确切地说，是其方法与实质的双重告白，更是在同等意义

1　正是有关否定的评论泄露了他的玄机："否定的秘密在于：事情不是这样，但我们可以说出它如何地不是这样。"（TB 15.11.14）不仅《逻辑哲学论》，甚至其全部后期哲学也无不受制于这一方法。事实上，维特根斯坦哲学可以姑且名之为"否定研究"。

上针对《逻辑哲学论》的先期评价。[1]

就这样，除了沉默，似乎一应俱全，或者说，正因为一切都已说出，一切也已经消解，只有沉默留了下来。这种说法是可疑的，因为沉默不同于康德的"自在之物"。如果启示沉默者不再存在，沉默也就不再存在。沉默所承接的逻辑力量掩饰着划界的无理性。这并非在昭示其逻辑的无力，而是昭示出性质的逆转。消解的确在消解，但消解不是摧毁："即使一切可能的科学问题都已得到解答，也还完全没有触及人生问题。当然那时不再有问题留下来，而这也就正是解答。"（LPA 6.52）沉默因此由外而内，由有形而无形，由隐喻而实在，并最终真真切切地成为我们心头的一道禁令。这意味着，不论我们意愿如何，我们将再一

1　与其说《逻辑哲学论》类似于康德的先验哲学，毋宁说更类似于斯宾诺莎的《伦理学》。不仅如此，它们还有着同等的对表达的克制。至于相反的典范，当首推舍斯托夫。我们在后者那里不仅能找到精疲力竭的言说，还能找到张力的丧失（参见《在约伯的天平上》中有关斯宾诺莎的章节，及《旷野呼告》之于克尔恺郭尔；舍斯托夫可以说是失去了反讽的克尔恺郭尔）。除此以外，逻辑之于维特根斯坦一如几何学之于斯宾诺莎。

次遭遇深渊，当然是隐喻意义上的深渊。[1] 对此我们难以逾越，不能也不准逾越，就像俄尔甫斯那样不能回头，否则他爱的人注定会变为石头。[2]

沉默的沉默

就伦理而言，一切言说都不可能，而一切可能的言说都无从言说：沉默之沉默是为沉默。"哲学不是学说，而是行动。"（LPA 4.112）换句话说，写于战壕中的《逻辑哲学论》本身亦是战斗的一部分，是

1　在隐喻意义上，"沉默"更像是卡夫卡的"城堡"。但与隐喻的"城堡"相反，隐喻化的"沉默"（诸如使人误解的空间或位置指谓，及所谓"划界"的提法）是实在的。当然，这种实在与我们在经验世界中所遵循的道德律条毫无关系（在这种意义上，《逻辑哲学论》是本绝望的书，或者说，唯一的希望就是对绝望的固定），如若不然，我们将会感到奇怪，因为似乎还没有什么人要求卡夫卡标出"城堡"在欧洲的位置。最为有趣的是，只有卢卡奇，这位富于洞见的"现实主义"批评家，在被禁闭于一个"现实"的城堡数天后，终于承认卡夫卡是一位"现实主义"作家。

2　这个神话有着深刻的人性：由于爱或由于信心不足，俄尔甫斯终于回头。与之相应的是皮格马利翁。这位塞浦路斯王劳作不辍，且终日凝怀，石头最终转化为人。当然，皮格马利翁离反向的皮格马利翁只有一步之遥：使他所爱的一切无一不成为石头。

维特根斯坦与语言——就像雅各与天使——展开的一场搏斗。这意味着，双重沉默将在行动中获致注解。他在论及意志时对此已多有提示，并且没有什么行动会比行动化的《逻辑哲学论》更为充分地体现出伦理与美的双重品质。此外，行动当然不可能只是行动，伦理行动尤其不可能只是伦理行动。不过，作为行动的《逻辑哲学论》只是一次行为，而非持久的战役，因此，如果这部伦理之作作为行动启示着某种宗教的可能性，那这种可能性是含混的，一如他对上帝所作的相互矛盾的规定（"世界上的事物是怎样的，对于更高者完全无关紧要。上帝不在世上现身。"[LPA 6.432]）。我们甚至可以说，维特根斯坦的上帝是一位逻辑学家："常言道，上帝能够创造一切，只是不能创造违反逻辑规律的东西。"（LPA 3.01）反之，如果作为行动的《逻辑哲学论》毫无宗教的可能，那随处可见的朝向上帝的努力又将无从解释。

维特根斯坦悖论地面对这种悖论，其方式甚至是古怪的：《逻辑哲学论》最富人性的表达呈现于无人地带，有着水晶般建构的人工制品被置于星辰之上，因而是不能居住的。[1] 不仅如此，真切地记录着历史的《逻辑哲学论》同时也在极力清除着历史。一方面以崇高的方式体现着人性，另一方面，像《格列佛游记》一样，它书写着对人类的轻蔑（"应该简单地把人与动物作为相似而又相连的物来考虑。"[TB 2.1.16]"一般而言，人的无价值无处不同；这儿的人更其无用和不负责任。"[LRKM 94]）。

托尔斯泰的《两个老农》（载于《二十三个故事》），维特根斯坦最喜爱的小说之一，堪称此一悖论在文学上的最佳表达：两个老农结伴去耶路撒冷朝圣，其中的一个全然不顾途中发生的一切，终于到达圣地，另一个却因持续不断的义举而功败垂成。维特根斯坦认为（无疑也是托尔斯泰的意图，这一意图在《谢尔盖神父》中再一次得到表达）只有后者才体现出真正的宗教精神。因此人性与神性是一致的，人性的高度相应于参与神性的高度，反之亦然。但是，人与神并不相通。"无人理解上帝"，圣保罗如是说。

作为维特根斯坦个人幸福或不幸的见证，《逻辑

1　"如果除我以外，再无任何其他生灵，伦理学是否可能？"（TB 2.8.16）对照圣鞠斯特："自罗马以降，这世界空空荡荡。"

哲学论》剥夺了幸福或不幸本身，这正是他的奉献，至少是给他的同类的。[1]他对巴赫的援引说明了一切。在《管风琴小曲集》（*Orgelbuchlein*）的扉页上，巴赫写道："为至高无上的上帝的荣耀而作，并兴许有益于我的邻居。"维特根斯坦正是在这种意义上希望自己的著作一如巴赫的创作，也正是在这种意义上，维特根斯坦无疑是正确的，同时又是错误的：维特根斯坦并不是上帝的仆人巴赫，这只是一个"唯我论者"在寻求与上帝的和解，和解的可能系于他的"劳作"，而不是他的"皈依"，因为他并不是皈依者，甚至可以说，这是一个背向上帝祈祷的人。他的祷告是无声的。

1　正如《恶之花》的献词："献给我的读者，我丑恶的同类！"严格而言，书只写给同类。有些书即便翻破书页仍然无法读懂，而另外的书，未及开封已知晓其意谓，需要补上的只是细节。维特根斯坦无疑清楚这一点，在《逻辑哲学论》的前言中，他指定了他的读者："只有那些其自身一度思考过这本书中表达的思想或类似思想的人才会理解。"

第二章 "转折"的意义 [1]

我本应使我的生命趋于美好并成为星辰。

——路德维希·维特根斯坦《致英格尔曼的信》

---

1 维特根斯坦一度以为，到了保罗，福音书清澈的水源开始变得混浊，后来他改变了看法："我一度认为保罗书信与福音书不尽相同，现在我清楚地看到自己错了。存于福音书与书信中的是那同一种宗教。"（RW 165）当利维斯（F. R. Leavis）把"你看去像耶稣基督"的评论蓄意地向他转述时，维特根斯坦的评论多少有点不置可否："那可真是一种奇怪的说法！"（RW 55）不仅如此，存于《旧约》与《新约》中的依然是那同一种宗教：犹太教是身体，基督教是头脑。正因为如此，受洗于"天主教"的维特根斯坦成为别人眼中的"福音传教士"，不仅如此，对于路德的德译本《圣经》和马丁·布伯与罗森茨威格的德译本希伯来《圣经》，他同等地表示了认可。因袭的看法（未必是错误的）刚好相反：前者褫夺了拉丁文，后者则是希伯来语对德语的"入侵"（他的友人英格尔曼就认为后者损伤了德语）。另一方面，在比较路德的德译本与 King James 版英译文时，他批评了路德。维特根斯坦肯定钦定本的理由耐人寻味：英文译者极为尊重经文，当没有搞懂时，他们宁愿让其保存原貌，而不像路德那样，时常会不惮曲解以适应自己的观念。

据说维特根斯坦一生创立了两种哲学，并影响了两个流派；据说这两种哲学是正相反对的，后者是对前者的批评。这种说法已成陈词，其意谓无异于现代哲学的传奇。就此论断而言，赞成与反对均非单纯，同样复杂的是"转折"的性质。

一

　　维特根斯坦的转折如此地明确无误，又如此地彻底，以至将其比之于写作《巴门尼德》时的柏拉图，或写作《致人道主义的信》时的海德格尔尚不能表达其决然，似乎《逻辑哲学论》与《哲学研究》根本就不是出自一人之手。不过，如果比较一下维特根斯坦的前后期著作，人们会发现这种结论并非耸人听闻；维特根斯坦的转折几乎无处不在。

　　一般说来，维特根斯坦转折的中心围绕"意义理论"的转折展开。在《逻辑哲学论》中，维特根斯坦的意义理论围绕"图像"理论展开。后者将世界、思想及语言联系在了一起。换言之，其独立的意义理论要与其无懈可击的逻辑建构相关联。问题在于，维特根斯坦逻辑建构的完整性具有单一品质，正如他自己所言，那是一种"晶体"结构，并为单一的意义理论所隐喻。另一方面，作为系统的建构，以及它可能具备的意义，甚至启示均被忽略了。不过，有一条却无法绕过：谈论其意义理论必定要系之于其逻辑建构，也就是说，要与世界、思想及语言一道来谈论，反之亦然。

粗略一看，《逻辑哲学论》的世界似乎呈现为一个倒立的金字塔结构。事实上，这个"图像"化的说法是靠不住的，正如"图像"本身并非事物，而是事实（Tatsache）的一部分一样。因而，叙述的入口有可能只是一种回溯。这一点在他就世界构成的元素是事物还是事实所做的区分上就已显示出来。依据维特根斯坦，世界一方面"是事实的总和，而非事物的总和"（LPA 1.1），而"事物的本质在于能够成为事态（Sachverhalt）的组成部分"（LPA 2.011）。并且，事态是事物的结合，而事态即是事实，是发生的事情。另一方面，独立的事物是种偶然，但逻辑中没有偶然的东西，因此可能性是相对于逻辑而言，而非在逻辑之中。除此以外，对象是简单的。对象的配置构成事态，配置是变动不居的。对逻辑建构而言，这些规定不过是迈出的第一步。不过，这种思路被带入对图像的规定之中。

作为《逻辑哲学论》最重要的一个概念，"图像"并不是一个机械制图员的作品（在非逻辑的意义上，它未必不是维特根斯坦灵感的来源，正如关于图像的那些传说），相对于逻辑建构，图像乃是工具，但图像自身却是一种事实，与此同时，每一个图像都是一个逻辑图像。不过，虽然图像是一种事实，并且图示实在，但并非所有的事实都是图像。事实要成为图像，它和被图示者必须具备共同的东西，即所谓的图示形式，就逻辑图像而言，就是逻辑形式。如果说图像用表现事态的存在和不存在的可能性来图示实在，那么其意义正在于此。这正是《逻辑哲学论》意义理论的核心，但因其在逻辑建构中被功能化而失去了独立意义。正如事实的逻辑图像就是思想一样，亦可将图像视为实在的范型，甚至可在同等意义上视图像为命题的范型。显而易见，如果失却语言，维特根斯坦的逻辑建构仍然缺少了一极。

在维特根斯坦这里，命题由记号组成，其中的简单记号被称为名称，简单记号在命题记号中的配置，对应于对象在情形（Sachlage）中的配置。但命题不是词的混合，也只有事实才能表达意义；一组名称并不能表达意义。名称可以指谓，但由于只有命题才有意义，因而也只有在命题的联系中名称才有指谓。不过，为了排除指谓的混乱，维特根斯坦谈到一种理想语言（事实上建基于弗雷格和罗素的记号语言）的可能性。他关于语言的看法似乎只是在重述关于图像的看法，或者说，他的逻辑建构的思想贯穿于他对世界、语言及思想本身的思考。维特根斯坦的世界就以如此方式被建构起来：命题或者是基本命题的真值函项，或由可以命名简单对象的名称组成的基本命题。基本命题的连接既取决于其真实性的功能（命名对象，因为名称是可感知的符号），又取决于名称在基本命题中的配置。逻辑贯穿始终。也正是在这种意义上，维特根斯坦说："个别情形总是一再表明是不重要的，但每一个别情形的可能性都揭示出关于世界本质的某种东西。"（LPA 3.3421）所以，尽管一个命题只能规定逻辑空间中的一个位置，但整个的逻辑空间也应该已经由它而给出。这样的话，其中的意义理论似乎可以由命题或图像的图示功能唯一地予以规定。

但是，问题似乎没这么简单。如果意义可以自行其是，那逻辑建构将无从谈起；如果后者的重要性压倒一切，那就无法坚持基本命题的独立意义。[1]因此，基本命题严格说来只是逻辑虚构，而它反过来将成为逻辑建构的基础。就这点而言，写作《逻辑哲学论》的维特根斯坦当然不会同意，因为基本命题一方面是基本事实（原子事实）的图示，另一方面，由此而得以可能的意义理论是《逻辑哲学论》整个建构的基石。如果失却逻辑建构，那么那条将沉默与言说分开的线（无疑应该从内部，也正因为如此，其意义理论至关

---

[1] 维特根斯坦明确的自我批评可见于他与石里克的谈话："我一度拥有两个关于基本命题的观念。其中之一在我看来是正确的，坚持另一个则是完全错误的。我的第一个设想是，在对命题实施分析时，我们必定要最终达于那种命题，它们与对象直接相连，毋需逻辑常项的帮助，因为'不''与''或'以及'如果'等均不与对象相连。我现在依然坚持这一点。其次，我曾拥有一种观念，即基本命题必定彼此独立。对世界的完全描述将是基本命题的积，而这事实上部分是肯定的，部分是否定的。我错误地坚持了一点，下面正是其何以错的原因：我为逻辑常项的句法运用制定规则，比如'p.q'，但没有想到这些规则必定与命题的内在结构相关联。我观念的错误之处在于相信逻辑常项的句法可以被单独制定而毋需关注命题的内在关联。那不是事物事实上所应是的样子。比如，我不能说红与蓝同时立于同一点上。这里的逻辑积是难以获致的。毋宁说，逻辑常项的规则只构成更其广泛的句法的一部分。那时我对此尚一无所知。"（WWK 73）在《关于逻辑形式的几点评论》中，他以不尽相同的形式重述了这一点。

重要）将无从划出。另一方面，基本命题又必定是逻辑虚构，因为只有这样才能同质地成为逻辑建构的成分。否则，不仅异质无从整合，而且异质意味着逻辑的失落，甚至逻辑根本无从谈起。正是在这种意义上，维特根斯坦提及"逻辑应用"；它既回避了困难，又不害通向后期意义理论的通道："逻辑的应用决定有什么样的基本问题。逻辑不能预期属于其应用的东西。显然，逻辑不能与其应用冲突。但逻辑必须同其应用接触。因此，逻辑不能与其应用相互重叠。"（LPA 5.557）显而易见，关于逻辑应用的说明仍旧是在非逻辑应用的意义上做出的，当然也必定如此。单一的意义理论无法单一地予以讨论，这本身堪称其意义理论的反动。但是，不能单一地予以讨论的意义理论能算是意义理论吗？不仅如此，意义的转折是否同样也是在逻辑的意义上展开？抑或相反？

意义理论"转折"的核心正是对这种意义单一性的拒绝，却未必是对"图像"理论的拒绝。不过与早期不同，早期是意义理论与逻辑建构的相互依存，而在后期，与意义问题紧密相连的是界线与风格的转变。如果尚能对早期的"图像"理论作出叙述，那么在后期如法炮制已不可能。诸如，如果我们说"图像"理论为"语言游戏"所取代，那么那是何种意义上的取代？"本质"意义上的吗？如果说"语言游戏"是反本质的，那反对本质的只能是本质；如果说我们只是在描述其"语言游戏"，那维特根斯坦不也在描述吗？难道我们所做的只是描述的描述？那还是描述吗？抑或相反？意义问题的转变就这样转变为风格的差异。

相对于早期单一的意义观，即其图示功能，后期则是"语言游戏"，更确切地说，我们被告知了这一点，但也仅此而已。我们不能有非分的要求，例如，如果我们如此发问：请给我们规定一下"语言游戏"，那样的话，维特根斯坦预期中的回答将是一个反诘："请给我一个'本质'的例子！"如果我们仍然不懂，我们想知道"语言游戏"究竟是怎么回事，于是进一步追问，那维特根斯坦会告诉我们：各语言游戏之间有着家族相似性。那如何理解"家族相似"？作为回答，我们会被给予一连串的例证，紧接着，问题会如此开始：游戏该如何去玩？回答是依据规则。"规则"是什么？维特根斯坦会再一次阻止我们如此发问，同时解释说，规则是约定的结果，并随游戏的变动而变动，或者说，规则左右着游戏，游戏也在支配着它。不仅如此，不仅我们在玩游戏，同时我们也被游戏所玩。

同理，我们不能追问哲学是什么，但我们被告知了从事哲学的目的：为苍蝇指出飞出捕蝇瓶的途径。此外，那还是为了一个确定的目的搜集"提示物"的行动。嗣后，如果我们仍旧困惑不已，那维特根斯坦会说，语词的意义有赖于实践，每一个词只有在"生活之流"中才能获致其意义。既然如此，哲学是生活吗？或者是生活的一部分？或者生活是哲学的一部分？那样的话，那时的哲学还是我们所理解的哲学吗?

就这样，维特根斯坦的后期哲学（如果这个词能在一般意义上，甚至能在《逻辑哲学论》的意义上被使用的话）充斥着这些问题。我们常常因为不得要领而不断地体验到那种"眩晕"（Schwindel）。这一点都不奇怪，因为用维特根斯坦自己的话说，它们全由"疑问与戏谑"组成。无所不在的描述性话语取代了《逻辑哲学论》中的断言、疑问，间或现身的讥讽替换了早期毋庸置辩的口气。不仅如此，早期朝向沉默的不可抗拒的力量，现在散落为无限的"提示物"的没有中心的聚集。一旦作为基石的意义理论变得可疑，那建构其上的一切也就难逃倾颓的命运。于是，那条一度由内部划出，并一度启示出沉默的线也随之消失。

如果正是由于那条界线的缘故，我们被给予了悖论，而在那悖论中，《逻辑哲学论》成就了其伦理性质，那么这条线的消失意味着什么？既然警示的界线已然消失，是否意味着一切皆已可说？后期破碎的言说算不算一种确证？如果早期言说的伦理特性基于对界线的恪守，或者说，言说意在不说，那么失去界线的言说是否还是伦理的言说？如果依据早期，回答无疑是否定的。既然如此，性质该当若何？确定其性质的标准又将怎样？就这些问题而言，我们或许能在"过渡时期"的文献及后期思想的整体形态中找到某种答案。

二

相对于其"可见"的转折，其连续性也同样地"可见"，同时又是隐蔽的。因而，维特根斯坦的连续性堪称双重的连续性并且相互印证。其中之一是"学理"上的：转折的存在一方面并不意味着转折发生于某一特定时刻，相反倒是渐进的。[1]尤其重要的是，它并非另起炉灶，而是基于早期哲学。它们在某些方面甚至一脉相承。因此连续性是必然的。另一方面，另一种连续性，也是更具隐蔽的连续性展开于伦理与宗教之中。事实上，这两者的平行有赖于角度的单一；如果变换角度，它们是一体的。

维特根斯坦哲学的连续性最充分地体现于他的哲学观念的连续性中。他早期的论述明确无误：

4.0031　全部哲学都是"语言批判"。

4.111　哲学不是自然科学之一。

（"哲学"一词所指的东西，应该位于各门自然科学之上或者之下，而不是同它们并列。）

1　维特根斯坦转折的确切时间无从确定（布劳威讲座的重要性被夸大了，几乎成了他"改宗"的契机：在那一刻，就像保罗一样，维特根斯坦如遭雷击，从此开始了新生），也毋需确定，同样无法确定也用不着确定的则是维特根斯坦的感受（诸如巴特利三世〔W. W. Bartley III〕所做的那样：先是一个荒诞不经的梦，然后是对梦的回应，等等不一。似乎自从有了弗洛伊德，只要讲到性，就会想到梦，反之亦然）。真正重要的恰恰不是这些，而是行动，以及行动中所呈现出的一切。

4.112　哲学的目的是从逻辑上澄清思想。

哲学不是一门学说，而是一项活动。

哲学著作从本质上来看是由一些解释构成的。

哲学的成果不是一些"哲学命题"，而是命题的澄清。

可以说，没有哲学，思想就会模糊不清：哲学应该使思想清晰，并为思想划定明确的界限。

4.114　哲学应当为能思考的东西划定界限，从而也为不能思考的东西划定界限。

哲学应当从内部通过能思考的东西为不能思考的东西划定界限。

4.115　哲学将通过清楚地表达可说的东西来指谓那不可说的东西。（LPA）

这些断言几乎包括了哲学的各个方面，诸如性质、功能及方法。为了对应，让我们来看后期的论述。他后期的论述同样明确无误：

109　要说我们的考察不可能是科学的考察，那倒是对的。我们根本没有任何兴趣从经验上去发现"有可能相反于我们的先入之见而如此这般地思想"——无论这么想意指什么。我们不会提出任何一种理论。在我们的考察中必须没有假设性的东西。我们必须抛弃一切说明，而仅仅代之以描述。这种描述是从哲学问题中获致光明，也就是说，达致其目的。这些问题当然不是经验上的问题；它们是通过观察我们语言的工作情况得以解决的，并且是以如此形式：我们是顶着误解它的冲动而认识到它的。这些问题不是通过供与新的经验，而是通过我们业已了知的东西的整理安排而得以解决的。哲学是一场战斗，以反对借助我们语言的中介使我们的理智中魔。

124　哲学不应以任何方式干涉语言的实际使用；它最终只能是对其实施描述。因为它也不可能给语言的实际使用提供任何基础。它让一切是其所是。

……

126 哲学只把一切摆于目前，既不说明也不推论。——因为无不一览无遗，也用不着说明。隐藏着的东西，那是我们不感兴趣的。

127 哲学家的工作就在于为一个特定的目的搜集回忆物。（PU）

显而易见，连续性的种种元素几乎一应俱全。不过，如果哲学问题仍然是对哲学问题的规定，那么这种规定在后期成为实践的一部分；如果把后期那些破碎的描述性段落视为早期那些同样破碎的断言的深化，那在这种意义上，连续性不言自明。反过来甚至同样适用于《逻辑哲学论》本身：正如礁石被大海包围一样，《逻辑哲学论》的言说也为无限的沉默包围。于是，"图像"理论可被视为对一种有限空间（当然是隐喻的：空间只能是"逻辑空间"）的说明，因此《逻辑哲学论》充满着始料不及的反转：如果划界能被恪守，易言之，如果这部伦理之作能在伦理最为首尾一贯的意义上被领略为一种伦理，那么划界意指着解放的可能。反之，如果理解偏差，《逻辑哲学论》将成为自我囚禁之地，并且充斥着自虐的味道。那样的话，

《逻辑哲学论》既可以是一句断言又可以是精致的先验性。这两者都是危险的。所以，无论就整体看去的维特根斯坦哲学，还是就转折之两极中的任何一极而言，最困难的问题仍旧是划界问题及其方法。它由于转折而消失，而在连续性中，它成为"转折"。《伦理学讲座》正是在这种意义上成为《逻辑哲学论》与后期思想间最重要的中间环节。因为划界问题无异于面对伦理及宗教的姿态，并且还指示着后期的方向，这一点要对照魏斯曼所记录的对话来阅读。只有那样，后期行动的性质及展现这种性质的奇特轨迹才得以昭示。

在《伦理学讲座》的开端，维特根斯坦解释说，由于他所操的不是自己的母语，因而会不断地违反英文的语法（形而上学问题，当然包括伦理与宗教问题的源起就在于语法的迷惑性指引），即便如此，维特根斯坦说自己不想讲述一般的所谓科学问题，他认为意义不大，因为那只能满足现代人最低的意欲，他所要讲的是伦理学问题，因为后者有着"普遍的重要性"（着重号为我所加）。维特根斯坦谈论的入口是价值与事实的二分法，确切地说，是在绝对价值与相对价值之间作出区分。依据维特根斯坦，我们借助言词所能表达的只是事实或相对价值。因此，对一个谋杀犯而言，有关他的一切也只是"事实、事实与事实，而没有伦理学"（PO 40），反过来，伦理学是超自然的（supernatural）。他说，如果一个人能够写出一本关于伦理学，并且确实是关于伦理学的书，那么伴随着一声巨响，这本书将把世界上所有其他的书悉数摧毁。在此意义上，维特根斯坦几乎重述了《逻辑哲学论》中的论断。在那里，他认为所有的命题都具有同等的价值。因此问题的核心在于，如果事实与经验看上去开始具备超自然的价值，那就必定产生悖论，我们因此就不能说科学业已证明没有奇迹，只能说科学看待事实的方式不同于看待奇迹的方式。所以，对奇迹而言，要将其表达从借助语言的表达置换到通过语言的存在的表达。维特根斯坦在此处提及那种语言的自足性。依据维特根斯坦，我们不能表达我们意欲表达的一切，否则我们将注定毫无意义地对绝对价值或绝对的神奇实施表达。结论自然而然："我想做的只是超出世界，也就是说，超出意味深长的语言。"（PO 44）

既然如此，我们不能言说，又该如何面对？在与魏斯曼的谈话中，维特根斯坦强调了他对伦理理论的拒绝："对我来说，理论毫无价值。一种理论不能给予我任何东西。"（WWK 117）伦理是不能教的。这一点毫无疑问，但同样毫无疑问的还应包括其反面，即伦理化的行动。事实上，事实与价值的二分法本身就不仅仅是事实。而且，正因为维特根斯坦似乎只是针对事实，或使事实归于事实，因为"你只知道与料，其他的都是推测"（PO 418）。只有那样，才能够标示出他涉及价值问题的方式。事实上，那些无所不在的对事实的"描述"，那些小心地将价值色彩祛除干净的努力，无不寄身于一个前提之下，即我们的语言需要治疗，而这一判断，也是所有判断中最重要的判断恰恰不是事实判断。如果一种行为建立在这种判断之上，那么其性质将是自明的。仅就这点而言，它与伦理化的《逻辑哲学论》是一致的，只不过后者只是伦理的姿态，或者说，那只是一次绝无仅有的行动（一个事件），而在后期，行动成为持续着的艰苦卓绝。有鉴于此，连续性既是言说的连续性又是行动的连续性，后者在其性质中标示出来（"不可说的［对我显现为神秘，我却不能言说］也许提供了背景，在此之上，我能够说的获致了意义。"［VB 1931］），所以两者看似对立，但一旦变换角度，它们却是对应的。

不过，有一点需要指明：整体看去的后期维特根斯坦的行动仍然是伦理性的，但其倾向却越来越宗教化。在"宽泛的意义上"，甚至可以说，那就是宗教的，因为依据《伦理学讲座》，维特根斯坦正是在"宽泛的意义上"使用"伦理"这个词的，用他自己的话说，它应包括被称为美学的那些最重要的部分，而美学显然也是在宽泛的意义上被使用的，因而宗教必定也内含其中。其实，就《讲座》的整个倾向而言，与其说是伦理学讲座，不如说是宗教讲座。[1] 在后期的行动中，

1　在《伦理学讲座》中，维特根斯坦讲述了关于上帝的三种体验，这显得异乎寻常。这种内在的，近乎难以表述的体验意味着什么呢？因为一桩先知的事业基于他的行动，而非他的意图。他的意图无关紧要。不过仅就其意图而言，至少有两种可能：他的意图与其行动刚好相合，或者相反。如果是后者，如果对个人性的拒绝只是装装样子，那将意味着迷狂，并且，这种迷狂将同等地导致其哲学的迷狂。在此意义上，对所谓"私人语言"的攻击毋宁可被视为一种掩饰，那是发狂的个人表达，哲学对他来说无异于攀附其上的一根缆索，他生存的唯一可能正系于此：如果说我们在生活中了无生气，那么一旦进入哲学，我们将被疯狂包围。在某种意义上，从事哲学成为狂喜。那样的话，乔治·斯坦纳（George Steiner）在维特根斯坦的语言批评与同性恋间所做的联系开始变得让人信服。此外，除去不可理喻的神秘主义者，或许没有谁会比普罗提诺更为接近维特根斯坦，也没有任何其他人会比他们两位更加接近那种"清醒的迷狂"（对于维特根坦自不待言，至于普罗提诺，[转下页]

这一点被不断地强化。就转折的性质相对于后期思想的重要性而言，这种区分关系重大，但依据早期的规定（伦理、美及宗教均在同等意义上被归入不可说之列），这种区分几乎可以忽略。正是这一点成就了其连续性。

二

如果不将划界问题视为前期思想中最重要的问题，甚至将其忽略不讲，那针对语言的转折将不再是

［接上页］他以迷狂般的清醒反对迷狂的证词，可在"反诺斯替"等章节中找到）。对《九章集》和维特根斯坦那些发狂的片段同样熟悉的人都不禁会被此念头紧紧抓住（《九章集》一气呵成，再未重读［舍斯托夫使之成为迷狂的体现，依据波菲利更为平实的托词：那是由于他的视力］，这与维特根斯坦近乎自发性的，难以抑制的断片何其相似）！不过，至少表面看去，这种结论的荒谬显而易见；与其说维特根斯坦像是斯克里亚宾，毋宁说更像是勃拉姆斯。事实果真如此吗？那样的话，当维特根斯坦说自己被误解时，那不过是无谓的表达，因为误解正是理解不可或缺的组成。有鉴于此，《歌德谈话录》与歌德无关，所有对个人的捍卫均被悉数吞噬，甚至被先期吞噬。那么究竟是什么样的魔鬼吸去了我们的灵魂？当然，灵魂，如果有的话，正是非个人的。对于这一点，从柏拉图到乌斯宾斯基（P. D. Ouspensky）无不深信不疑。

对应的，也就是说，存于这里的并不是一种对称关系，因为一方面后期维特根斯坦并非在阐发或断言一种转折，而是"呈现"转折。因此转折的表面化遮盖着转折的规定。换言之，只有就语言或逻辑而言，"转折"才显而易见。另一方面，就伦理与宗教而言，连续性同样地显而易见，甚至一脉相承。如此，只有在严格，同样也是在狭窄的意义上，转折才得以发生，反之转折并未发生，当然也就不存在所谓的"两个维特根斯坦"。除此以外，依据维特根斯坦，哲学不是理论而是行动。如果将这种说法诉诸行动，在逻辑上，那是逻辑蕴涵的一部分，而在事实上，那是真正转折的开端。

因此，真正的转折不是论说的差异，而是转变论说，或超乎论说之上。换句话说，不再视论说为论说，而是将其看作行动的元素。维特根斯坦的后期风格正是在这种意义上获致一种全新的意义。于是，疑问或戏谑不外乎行动的方式，而描述堪称行动的形态，至于那些零散的"提示物"，连同对这些"提示物"的收集本身均成为行动的写照。此外，如果视划界的《逻辑哲学论》为伦理之作，那划界本身堪称伦理的一个姿态，是对真正伦理行动的预期。不仅如此，如果将后期的行动看作伦理的行动，那连续性在于其性质的一致之中，反过来，从对行动的渴望到行动本身，中间为一条壕沟所阻隔，那么其规模正是"跳跃"必须跨过的幅度。[1]

即便如此，后期行动的性质已不尽相同。这取决于其跳跃的方向。后者为其行动本身所表征。维特根斯坦的行动展开于"日常语言"（不消说，一方面，他的哲学行动展开于虚拟的日常语言之中；另一方面，作为行动，虚拟的毋宁说也是实在的。这其实在说，维特根斯坦仍然持存于哲学之中，但哲学超越哲学）之中，这似乎在意指"理想语言"的存在，其实远远超出语言的对峙。正如他自己所言："让我们成为人"（Laβ uns menschlich sein）。在这种意义上，"日

1　"我的世界"借助语词的用法而达于"日常世界"。在这里，维特根斯坦几乎不为人察觉地完成了自己的"跳跃"（Sprung）（Muβ ich einen Befehl verstehen, ehe ich nach ihm handeln kann? Gewiβ! Sonst wüβtest du ja nicht, was du zu tun hast.–Aber vom Wissen zum Tun ist ja wieder ein Sprung! [PU 505]）。这里的跳跃只限于形式，至于内容，它们是同一的："是内容在艺术家与观察者之间，事实上，是在作为活生生的个人的艺术家与将其作品（œuvre）传送至高于并超乎个人生存之上的世界的艺术家之间架起桥梁。"（Franz Rosenzweig, *The Star of Redemption*, Notre Dame London, University of Notre Dame Press, 1985, p.80）

常语言"所对应的毋宁说是"世俗性"。不过，维特根斯坦切入世俗性的角度极为独特，致使世俗性并未启示"上帝之死"，就像在尼采那里那样，相反在维特根斯坦这里，返回世俗性启示着神性的回复，至少是回复的可能性。正因为如此，后期行动无异于漫长的"驱魔"运动（"去神话性"），是对任何谵妄、迷狂与骄傲的进攻，一句话，无微不至地体现着对上帝的敬畏。这一点，连同维特根斯坦贯穿始终的对恶的思考，以及紧随其后的性质上堪称救赎的行动，无不使转折中的行动成为维特根斯坦的"改宗"或者"皈依"。[1]有鉴于此，真正的转折并非始于重回剑桥，其契机也并非布劳威的演讲，相反，作为行动的转折开始于行动，也就是说，当他宣布自己已经解决了所有的问题（理论问题），转而着手新生时，转折已然

1　正如宗教信仰对应于宗教的行动一样（就这点来说，维特根斯坦是否真的拥有信仰并不重要，重要的是这种对应，正如他著名的"甲虫盒子"的譬喻），宗教行动的具体性对应于信仰的非历史性："在历史的意义上，有关福音书的历史报道可被证明是错误的，但信仰并不因此而有所缺失：不过并非因为它系于'普遍的理性真理'，毋宁说是因为历史的证词（历史的证明游戏）与信仰无关……信仰者与此报道的关联既非关联于历史真理（可能性），亦非关联于'理性真理的学说'。"（VB 1937）

开始。自那时起，鲁滨逊开始走出荒岛。[1]至于重返剑桥，那不过是将行动移植到哲学之中。因此，那不再是哲学的转折，而是相对于哲学的转折。换句话说，作为行动的哲学超乎哲学之上。

1　作为寓言的鲁滨逊，其意义正在于他并非始终立于荒岛之上，而是"落入"或"误入"荒岛。也就是说，"日常生活"本就属于他，他所做的只是回归而已。维特根斯坦在讲述语言的使用，马克思在论述劳动分工的社会性时均援引过这个寓言，这一点绝非偶然。但是，让人惊奇的是，他们并非视其为寓言，而是将其援引为例证。

第三章 作为行动的后期思想

于是彼得对其他使徒说：我们服从上帝，而非人。

——《使徒行传》5 章 29 节

为一种宗教而死比终身弘扬它要简单得多；在以弗所与猛兽搏斗（不少默默无闻的殉道者这么做过）比做耶稣基督的仆人保罗要轻松一些；一个人始终不渝的时间要多于一次行动。

——J. L. 博尔赫斯《德意志安魂曲》

歌德说：时间是我的战场。如果其中的时间换成"语言"（我们的信条：不要让我们被蛊惑！），如果作为战场的语言成为宗教的战场（"只要我们留在宗教之中，我们就要战斗"），那正是晚期维特根斯坦的写照，确切地说，是行动者维特根斯坦与维特根斯坦的行动的写照。这两者的平行被两者的交融掩饰。

因此举目所见，无非行动而已。需要补充的是，即便就行动而言，行动也同时为战斗与操练所表征。不仅如此，其宗教性质在被展示的同时亦被规避。换句话说，正是表达的间接性对应于直接的行动。有鉴于此，整个后期维特根斯坦哲学实现为一连串细小的行动组合，其中的一致性被非常谨慎地作了分割，致使行动的一致性无从归结为关于行动的理论，就这样，论述行动与作为行动的论述合为一体。

引　言

一俟"转折"的开始，也就开始了他"走钢丝"的表演。因此对于维特根斯坦来说，方法一方面至关重要，另一方面，方法就是对方法的拒绝，这一点同等地重要。换句话说，维特根斯坦的方法并不是"方法论"。方法从一开始就被行动消融，至关重要的方法从而微不足道：没有行动，方法是无谓的，反之，行动就是行动的方法。这一点应该始终牢记在心，也正是基于这一点，对维特根斯坦方法的讨论注定将是虚拟的讨论，并注定成为讨论者的方法。

对于宗教，也是对于方法最为明确无误的论述，是维特根斯坦被记录于1930年的一次谈话，堪称夫子自道："我能够很好地设想一种宗教，其中没有教义，也不能被言说。宗教的性质显然与言说无关，或者毋宁说，当其被言说时，言说本身成为宗教行为，而非理论的部分。言词是真或假或无意义是完全无谓的。"（WWK 117）另一方面，相对于宗教的行动，哲学为何也是行动？难道只是不经意间的延伸？如果角度调转，难道不是反证？反证着作为行动的宗教，以及作为宗教的行动？后者显然是危险的，但分明是一种可能，并且，正是这种可能改造着哲学。有鉴于此，整个西方哲学，当然不是事实上的西方哲学，而是"西方化"的哲学（乃至整个西方文明）无一不在其行动中成为对象。这里的问题，一如语言的现象，是呈现出来的，而不是对一个"可见"传统的回顾，正如既不是将一切还原至现象也不是将现象还原一样。唯一的问题，也是解决问题的不二法门，就是凌空将其抓住。

毋庸置疑，其中存在着跳跃，并且是性质与方法的双重跳跃，而方法正是行动。对维特根斯坦来说，行动反过来成为跳跃。跳跃显然是隐秘的，速度也无从测度。不仅如此，跳跃看起来倒像是在躲闪。就这样，维特根斯坦后期的"思想之流"不断地被跳跃或被躲闪打断。不仅包括思想本身，论题亦在其中："我追问无数不相关的问题。想借此森林达于自我突破。"（VB 1948）于是，哪怕最连贯的"论证"也被分割为持续的"间歇"。当然间歇只存在于我们的眼中，似乎它们是被拼接到我们熟识的连续性之上似的。对维特根斯坦来说，那无非另一种连续性而已。[1]

因此，一种"语法"的评述，其实质在丁象征，

1　维特根斯坦在此意义上类似于立体时期的毕加索。后者那时候正在挑战我们固有的感知方式。与之相应，维特根斯坦挑战的乃是我们因袭的思考方式。对此问题最好，也是最极端的说明也许是约翰·凯奇的告白："哪里人们感受到使声音聚合在一起以造就连续性的必要性，哪里我们四个（Christian Wolff, Earle Brown, Morton Feldman, John Cage）就会感受到摆脱黏附以使声音留存为声音的相反的必要性。"（John Cage, *Silence*, Middletown, Connecticut, Wesleyan University Press, 1961, p.71）不过，凯奇随心所欲的"反叛"（马塞尔·杜尚在同等意义上被包括其中）并未超出毕加索或维特根斯坦的范畴，但他不假思索地跨过了界线。另一方面，反叛是致意的方式，反叛的强度招供着依附或被奴役的强度。在这种意义上，凯奇毋宁说又是保守的。同样是在这种意义上，当瓦格纳宣称贝多芬《第九交响曲》以后再不会有真正的交响曲时，保守的是他，而不是勃拉姆斯（就这点来说，勋伯格无疑眼光独到）。天才的分量其实是一种平衡，也许（转下页）

正如维特根斯坦所言："我的象征意义的表达事实上是对规则的使用所作的神话式描述。"（PU 221）似乎"生活之流"只在神话的河床上流淌。仅就这点而言，维特根斯坦手法的虚拟性可谓昭然若揭（"语法对我们来说是一种纯粹的计算"［而非源自真实的使用］[PG 312]）。所以"抽刀断水"的意义不在其意图而在其结论，反过来，如果将结论视作意图，那么意义就将不言自明。因此如果失却自我消解，理解芝诺的"飞矢不动"就会易如反掌，否则将满目飞矢。并且，这里的"我们"也将被飞矢洞穿。[1]可以这么说，维特根斯坦一只眼睛盯着其行动的方位，与此同时，另一只眼睛正视着他的观察者。因此阅读维特根斯坦

（接上页）只有维特根斯坦那种才智的人才能掂量出它精微的刻度。有鉴于此，即便以最不被误解的方式面对维特根斯坦哲学，其破坏性也难以规避：一旦超出就难以回复，回复的努力成为拙劣的模仿。这与维特根斯坦贯穿始终的另一个悖论紧密相连：超凡者，或独一无二的个人与他者或人群的关系。毋庸多言，在摩西那里追问此类问题纯属无谓。

1　维特根斯坦再现了芝诺的悖论，但意图刚好相反，他们论证的方向因此也正相反对，不过内容却如出一辙：辩证中的有限与无限。只要接受其前提，就要接受一切。相对于芝诺，驳倒维特根斯坦更其困难，因为其"论证"切入于现实与虚拟的含混之处，并现身为描述的具体性。

就意味着参与到无尽的对话之中。在维特根斯坦的舞台上没有观众，或者说，观众亦是表演者，反过来亦当如是。正因为如此，对一个"客观"的观察者来说，恰恰因其客观才难以公正，反过来启示着唯一的可能：就像维特根斯坦的假定性论说（既实施论说又实施消解）一样，假定性或虚拟性从最初起就注定内含于维特根斯坦哲学，及针对这种哲学的描述或说明之中。

维特根斯坦的位置因此变得独一无二：立于深渊的边缘，从而注定了任何其他的位置，即任何面对他的位置，要么置身深渊之中，要么对深渊一无所知。这意味着，除非认可虚拟，不然对虚拟的任何拒绝都是虚拟的。换句话说，如果我们在描述维特根斯坦，我们也在实施论证，反之亦然。维特根斯坦在此意义上只拥有虚拟的旁观者，也就是说，作为虚拟的观察者，其行动的意义正是最为投入的参与。至于参与的方式，决定其深度的恰恰不是方式，而是对方式的自觉。不仅如此，对于维特根斯坦哲学，连同这种哲学所启示的一切来说，虚拟与真实的一体，或超越虚拟与真实间的区分正在于对形式的超越。当然，那同样也超乎行动之上。

语言之囚

"语言之囚"启示着一种双重运动：揭示我们的处境，同时揭示本身成为被揭示的一部分。这种连续性既可以强化我们处境的"黑暗"，又不啻摧毁的一部分。一方面，这种同时性决定了描画的两种笔触：明，或者暗。毫无疑问，前者是可见的，后者相反。另一方面，正是这两种笔触联手描画出了"语言之囚"的轮廓。为了叙述的缘故，我们在假定性的前提下将其分开。让我们从揭示开始。

太初有言（In the beginning was the Word）[1]。因此最自然的做法莫过于从对自身语言观的批评开

1　维特根斯坦说他最喜欢《四福音书》中的《马太福音》，但不理解，也不喜欢最为希腊化的第四福音书（《约翰福音》，唯一让他想起"对观"福音书的地方是有关那个"行淫妇女"的故事）。这似乎正是一个犹太思想家的本色："在西方文明中，犹太人总是被不恰当地估量。许多人清楚地看到，希腊思想家既不是西方意义上的哲学家，也不是西方意义上的科学家，而奥林匹克运动的参加者绝不是什么运动员，也不适合于任何西方的行当。这同等地适用于犹太人。总是以我们语言中的言词去规（转下页）

始，但维特根斯坦出人意料地开始于奥古斯丁，紧随其后的评述听起来却像是在回顾《逻辑哲学论》中的"图像"理论："语言中的单词命名对象——语句是这些名称的组合……每个单词都有一个意义。这一意义与该词相关联。词代表的乃是对象。"（PU 1）针对性就此变得模糊起来。奥古斯丁成为象征。[1]事

（接上页）范他们，对他们是不公正的。他们时而被高估，时而被低估。斯宾格勒正确地未将魏宁格列入西方哲学家（思想家）的行列。"（VB 1931）有趣的是，这段话可以看作他所批评的对象的如法炮制，换言之，是维特根斯坦基于他对当代西方文化的拒绝而做的推及。作为自白，这段话显然是含混的（注意他在人称上的选择）；而作为局外人，其口吻依然是含混的，这当然要参照他的自白：我的思想是百分之百希伯来化的！这种含混，或这种双重性的相互客串似乎还在继续，它体现于"魔鬼"的双重性中。因此，如果视《约伯记》为寓言，那约伯不被上帝信任而言，幸福中的约伯毋宁说正置身苦难之中。反过来，当苦难降临时，同时也意味着真正幸福的降临。寓言的关键在于，不是别人，正是撒旦本人成为上帝意旨的执行者。不过，这时的撒旦尚未像在《新约》中那样被彻底"魔鬼"化。作为执行者，他是中性的。或者说，他将恶归于自己，但恶，一如撒旦本人，成为工具，而目的是善，或上帝的意志。在此意义上，撒旦成为反向的普罗米修斯。那么，能否也说普罗米修斯是反向的撒旦呢？并且，一个彻底"魔鬼"化的撒旦又将如何？不同样是上帝的工具吗？

1 在《哲学研究》的开篇，维特根斯坦意味深长地提到奥古斯丁及其《忏悔录》，因为正是这一点逃过了其追随者，甚至（转下页）

实上，只有当这种意义观被孤立、被唯一化，或被迫脱离时空或"语境"，从而成为本质和基础时，问题才会真正出现。这时，这种单一的意义观成为陷阱。关键在于，陷阱成为我们有意识追求的目的。这与我们的"分析"观念息息相关。不仅如此，分析的结论要借助有意识的努力，这一点之所以至关重要，是因为那意味着方向和位置。

对分析的批评起于对分析概念的正面阐明。维特根斯坦认为，自己的研究不是指向现象，而是指向其可能性的，是去留意陈述的种类。因而他的研究是一种语法研究，目的在于消除误解，并通过消除误解来澄清问题。这样的话，当误解可以通过表达形式的代换而消除时，我们就可以恰当地称其为"分析"。维特根斯坦说，这种分析类似于把事物分离开来的过程。与之相对，分析的误区正是由此而来，因为这会使我们感到似乎存在着某种"终极分析"（所谓的"分析哲学"正是建基其上，《逻辑哲学论》的作者一度也

（接上页）其批评者的眼睛。几乎在同一时间，维特根斯坦向他的朋友们提供了一份"忏悔录"，后来不知所终。其实，这份"忏悔录"是否留存并不重要，重要的是其隐喻品质：真正的忏悔已在《哲学研究》中获致展开。可以这么说，开始行动也是伟大忏悔的开始。

被视为最著名的"分析哲学家"之一——仅就形式而言，未必没有道理），而我们通常的表达方式显然是未经分析的，所谓的分析就是要阐明隐藏的东西。基于这一点，分析开始变形，并与"本质"问题联系在了一起。

正如"变形"后的分析概念所意味的那样，本质对我们是隐藏着的。这样的话，所谓"本质"就不是那种"业已摆在眼前，经过编排变得显明（übersichtlich）的东西"（PU 92），毋宁说是表面之下的东西，是变动不居的现象中不动的东西，从而在无形中改变了我们提问的方式：我们开始把任何视为本质的东西追问成本质。诸如我们会问"什么是存在""什么是语言""什么是分析"……如此设问时，我们会希望这个问题能够单独地、一劳永逸地，甚至终极地给出解答。好像在我们追问"上帝是谁"时，上帝的形象（依照维特根斯坦的说法，那应该是"图像"，而"我们为图像所禁锢"）就会跃然纸上一样。维特根斯坦说：误解使我们感到命题好像做了某种奇特的事情，从而使我们置身幻觉之中：通过把握语言的无可比拟的本质可以获致我们研究中奇特、深刻和本质的东西。我们就这样把"本属于描述性的东西断言给了事物"（PU 104）。我们于是被牢牢地禁锢于内部，因为"理想物"必定如此，因为在外部我们就"无从呼吸"。不仅如此，此类误解不仅意味着理想物的空洞，还意味着我们难以在有摩擦力的、粗糙的地面上行走，而只能在光滑的地面上滑行，就像在太空翻滚一样。并且，当人们只是沿着他们得以对其实施观察的形式行走时，他们却以为自己一次又一次地追逐着事物的本性，就像"魔鬼从地上拾起了斯莱米尔的影子"（PU 339）。那样的话，所谓的思想似乎是一种赋予言说以生命和意义的非实体过程。

如此，追求成为追求的本质。本质是对所谓现象中的统一，是对某种唯一、终极和不变物的寻找。如果说这源于科学的"侵袭"，那么其核心在于：致力于以某种理论的方式或某种理论的框架去观察世界。我们的世界观因此将别无选择地囿于我们的成见。换言之，我们只是在观察我们的"建构"（依照维特根斯坦轻蔑的说法，那不过是些"空中楼阁"［Luftgebäude］），而世界本身却自行其是，与此同时，观察者却以为自己已了知世界的秘密。不过，严格意义上的科学（伽利略以来）只是这种倾向的极端表达，因为即便不提伽利略和笛卡尔各自推动的两种学科的互动，单就所谓本质和世界观而言，其渊源就需要不断地回溯（在几乎与《逻辑哲学论》同时出版的《文明的哲学》中，阿尔伯特·施韦泽[Albert Schweitzer]将"世界观"的观念溯至人类文明的源头。甚至《逻辑哲学论》本身亦同样受制于这同一种力量：《逻辑哲学论》依然隐含着一种世界观，只是被淡化或被变形[诸如虚拟的"从永恒的观点"]），加上无从表达而归于无形。与之相对，后期的世界观已经彻底消融于他的思想之中。在其破碎表象的背后，维特根斯坦的世界是完整无缺的。当然，这里的世界不同于世界观，但其世界，与呈现这个世界的那种形式间的张力所成就的哲学的先行性，与其相对滞后的世界观（那位哈布斯堡王朝的居民所秉承的传统，穆齐尔所言的那种颇具"卡卡尼亚"[Kakania]色彩的观念构成了其世界观的主要元素）并行不悖：对本质的追求要追溯到西方哲学的源头。那对维特根斯坦来说无异于对幻影的追逐。让人惊奇的是，为何这种追求会始终强劲有力？它们是"深刻的不安"，维特根斯坦如是说。此外，追逐与被追逐者构成互动，致使后者看上去变得似乎不那么平凡："思想为光环所环绕"。这种"崇高"和"理想"的东西其实已经在支配我们，应该说，它们似乎始终都在支配着我们。它们如此强大，我们的手段又是如此贫乏，以至我们感到必须"用手去修补撕破的蜘蛛网"（PU 106）。

问题出在某种中断或悬搁（听起来像是胡塞尔的反讽），并且使之"纯粹化"上。与之对应的是我们的状态。易言之，我们在想，而不是在看。鉴于我们在想，语言才开始"空转"或被悬置。悬置致使被悬置者变得崇高。所有的那些"崇高"、那些"深刻"、那些"神奇"莫不因此而来。之所以会想，恰恰是因为所误；那是语法的"幻象"。这里的"反转"出人意料：我们的主动和努力，我们的"有意识"，以及我们的"想"均在这一刻成为"无意识"的元素："人陷于语言之网却不知。"（PU 462）[1] 这种无意

1　更确切地说，这里的语言之网是语言的图像，我们的"不由自主"恰似被施了魔法："一幅图画一旦被咒语所召唤，其意义的明确无误就被固定了下来。它实际的使用，相对于图画所提示的使用，倒显得有些模糊。这里的情况就像集合论中的情况那样：表达方式是特意为一个神而设计的，他知道我们不能知道的东西；他看到了无限系列的整体，以及人类的意识。当然，对我们来说，这些表达式就像一件法衣（ornat），我们可以穿上它，但穿上它却做不了什么，因为我们缺少真正的力量给予这件衣服以意义和目的。（转下页）

识状态不仅强化了我们的处境，还意味着时间层面上的推及。也就是说，不仅现在而且过去（习俗与传统，或者文化），不仅过去而且将来：如果对象与方法的

（接上页）我们在表达式的实际使用中走了弯路，走上了斜路；我们看到了铺于我们眼前的那条笔直的大道，但它是不能使用的，因为它已被永久地封锁。"（PU 426）这段话要对照卡夫卡的《城堡》来阅读。后者正是一幅"自我诱惑"（严格而言，所有的诱惑都是自我诱惑）的"图像"。《乡村医生》堪称这同一位作者针对同一个主题所作的更为洗练的刻画：跐向猪圈的脚所具备的"咒语"的力量，大雪覆盖或被大雪"封锁"的征程。那位医生（首先要医治的正是他自己），那个老光棍（竟对他出落得愈发诱人的女仆熟视无睹。在《变形记》中，这同一个青春美妙的身体成为萨姆沙的妹妹）。他往远处行走，越走越近；当他在大雪中赤身裸体地往家里赶时，他越走越远。另见马格利特《迷路的骑手》：画中的骑手置身迷途之中，正以一种你难以想象的速度飞奔。这种简单的解释容易引人误解，因为真正的问题恰恰在于他奔跑的速度与其方向间的张力，这一点刚好是没有方向的。为了强化这一点，在近四十年后，马格利特创作了《自由决定》，其中的骑手换成了一位穿着入时的女郎，她在林中缓辔而行。不过问题不在这里，而在于观者无法确定是骑手在分割交错的树木，还是树木在分割骑手与马？这里被强化的恰恰是误解的必然（否则，我们注定是"迷路的骑手"），这一点与《迷路的骑手》刚好对应。我们总以为自己为理智所惑，其实是为情感所困，后者更为深沉。这正是"人类学"的一部分。维特根斯坦在另一处赋予这段话一种更浅易的形式："我们的语言所描述的首先是一幅图画。可以用这幅图画来做什么，如何使用这幅图画，仍旧处在黑暗之中。不过有一点是清楚的，人们要理解我们所说的，就必须对之实施研究。但这幅图画似乎为我们免除了这份工作；它指向一种特定的使用。借此愚弄了我们。"（PU Teil II 505）

含混可以同等地被推导并得以转至维特根斯坦自身，那这一点将是自明的。有鉴于此，与荣格不同，无意识并非探讨的对象，及对原型的回溯，而是被启示。说明是无谓的。我们被囚禁的处境在纵深意义上就此被推向了极致。维特根斯坦在为《哲学评论》草拟的前言中谈及那些非语言的一切："我认为，这种精神不同于欧洲和美国文明的那种巨大的洪流中的精神。那种文明的精神在我们时代的工业、建筑、音乐、法西斯主义及社会主义中获致表达，而那正是本书的作者感到陌生和无法同情的。"（VB 458）这意味着语言成为象征，因为"我要说：那被我们称为'语言'的东西首先是我们日常的语言，我们的文字语言（Wortsprache）这一工具；然后是依据其相似性和可比较性可被称为语言的东西"（PU 494）。不过，视语言为象征与维特根斯坦所坚持的语言观恰成冲突（语言既不表述什么，也不象征什么；语言就是语言。问题在于，他所坚持的语言与他赋予它的意义［尤其在对语言实施批评时］是一回事吗？）。这种修辞学的规定或许只有在修辞学的意义上才是被允许的？这一点要相对于另一种笔触才能获致说明。那条线路源自维特根斯坦有意识的反转，并伴随着他对哲学本身的反转。鉴于反转的缘故，象征成为实在。

　　正如"开始是语言"毫无疑问一样，"开始是行动"同样毫无疑问，至少对维特根斯坦来说毫无疑问：行动首先是哲学的行动或展开于哲学中的行动。在这种意义上，相对于对处境的揭示，这就是揭示本身；相对前者明确无误的笔触，这里的笔触是隐秘的。在论及哲学的目的时，维特根斯坦认为，哲学的目的并不在于以前所未有的方式加工并完善我们用词的规则系统，毋宁说是"清晰，一种彻底的清晰。这只意味着，哲学问题应该彻底消失"（PU 133）。不过，就维特根斯坦而言，作为目标的清晰与某种含混并行不悖。后者体现在他的哲学观念之中：当哲学作为他所批判的对象时，哲学是清晰的；一旦将实施批判的"哲学"本身也纳入其中时，含混就将开始。众所周知，维特根斯坦不止一次地规定过哲学的定义，其中大多是否定和间接的。比如，如果说哲学不是自然科学，那哲学是什么？哲学应该位于各门自然科学之上或之下，而不是与它们并列。我们就这样被置于一个无人地带，其实仍然是含混的：我们仍然无法达于清晰。难道那是一门新的学科，或与学科无关？只有当"哲学不是一门学科，而是一项活动"时，我们才豁然开朗，感觉自己找到了真正的定义，接着会再次堕入含混，因为我们会依照他所批判的思路去找寻与此规定相对应的"实体"。我们注定无处可寻：活动即是活动的具体性或具体的活动。这显然是一个虚拟的规定。如果一开始就视其为虚拟，我们将直接达于这一点。当然，达于这一点也就意味着达于含混。让我们来看维特根斯坦哲学的目的、方法与对象，换句话说，让我们来看一看哲学是怎么"变形"的。你会说这是个传统的思路，那么除了传统，我们该从何处开始？

对于哲学的目的，维特根斯坦的规定从不含糊："你在哲学中的目的是什么？——为苍蝇指出飞出捕蝇瓶的路径。"（PU 309）[1] 但最清晰的也是最含混的，

―――――――――

1 问题在于，如果苍蝇不被告知其所在，也就是说，如果它对自己被囚禁的处境一无所知，那么它会以为自己正安然于最自由的地方！一旦知道了真相，它就会嗡嗡乱叫，也只会嗡嗡乱叫。（"一个被哲学的迷障所困的人就像一个试图走出屋子但又不知如何走出屋子的人。他尝试窗口，但它太高；他尝试烟囱，但它太窄；如果他能转过身来，他会发现门始终开着。"[AM 44] 年迈的海德格尔在与欧根·芬克一起主持赫拉克利特讨论班时出人意料地引证了这段话。）既然如此，我们被告知的是真相吗？因为罪恶并没有被镌刻于天幕之上，况且，即使诸神时而也会有着我们邻居的仪表。因此在某种意义上，正是"人类中心"的观念为"相对主义"开启了门户。正是在这里，《逻辑哲学论》毋庸置辩的口气被毫发无损地承继了下来。

因为这是一个隐喻。隐喻是诗的专属，其性质正是含混；如果你说维特根斯坦写作的正是诗篇，那肯定是错误的，因为他只是袭用了诗的手法。那当然不是含混的借口。如果你说哲学就是隐喻的，好的，就这样，我们不准备争论。但是，那与清晰何干？问题因此并未结束。对我们来说，含混也在继续。[1]

方法是他的下一个问题：哲学家处理问题，如同医生诊治病情。（PU 255）这显而易见又是一个修辞学规定。在某种意义上，对其诘难将是一种重复。另外，修辞学既是一种计谋又不啻权宜之计，并且意蕴深含："虽然有很多方法，正如有很多不同的治疗，但没有唯一的方法。"（PU 133）不消说，含混也随之加重，因为我们随后只能逐一面对方法。最为含混的仍然是哲学的对象问题，因为哲学的对象要系之

---

1 众所周知，维特根斯坦渴望清晰。他认为清晰是最高的目标，又认为"使精神简洁的努力是一种巨大的诱惑"（VB 1930）。但是，维特根斯坦哲学的性质及方法却使之成为迷宫，并致使试图进入迷宫的人成为卡夫卡的描述对象。在一篇短小的寓言中，卡夫卡写道："始终追不上他并非因为你方向不对，或步子太慢，而是缘于你的思路。你总以为他在向前疾行，其实他也许正在转身，也许正在小路上踯躅，甚至也许，他根本没动。而当你确定他已不动时，他正在飞奔。"

于哲学的方法；当哲学把描述视为自己的方法时，它就失去了针对性，从而针对着一切。因此维特根斯坦几乎涉及了所有的问题，但却不会持着任何一门具体学科，譬如数学："哲学的任务不是通过数学的，或逻辑—数学的发现去解决矛盾，而是使我们看清楚那使我们不安的数学的现状，先于矛盾解决前的现状。"（PU 125）这一点也同等地适用于心理学、人类学等学科。这意味着，在无形之间，以哲学的名义展开着对哲学的变形，这本身却是隐秘的。哲学就此被语言取代，确切地说，哲学体现于语言之中，语言无处不在。

既然如此，坚持哲学家与常人的区分，就像坚持哲学与语言的区分一样地奇怪，维特根斯坦正是这样坚持的："哲学家有着普通人所没有的诱惑，你会说他对于一个词语的意谓比他人知道的更多。其实哲学家一般而言知道的更少。因为普通人并不拥有误解语言的诱惑。"（PO 367）但是，以为只有哲学家会被诱惑，而普通人却不会，这与以为哲学是哲学，从而与生活无关一样是一种成见。后者尤其让人生疑。[1]
要么维特根斯坦已然陷入矛盾，要么这种矛盾正是他
所要的，借此可以掩饰他所达致的毁灭性效果？抑或
"普通人"并非指那些操持着生计的芸芸众生，而是
指这样一种人，他们一度有过，兴许还会再度拥有那
堪称真正生活的生活？如果是这样，所谓的"普通
人"已厕身尼采的"超人"行列。这正是维特根斯坦
要拒绝的，至少表面看去他会毫不迟疑地予以拒绝。
此外，如果哲学家与常人不同，后者不会为哲学所迷
惑，那是哲学家注定会被诱惑？还是可被诱惑？如果
是后者，那当然与才能无关。既然如此，那又如何会
陷入其中？如果是前者，那么哲学之病乃是痼疾，是
难以治愈的。因而祛病的方略从最初起就是无谓的。
如果疾病可被慢慢治愈，那么作为隐喻，其荒谬一如
言说文明正在进步一样。（或者说，进步只是一种局

---

1 当维特根斯坦讲述他在美国的情况时，贝文夫人怯生生地插言
道："您在美国一定很快乐？"维特根斯坦随即反问道："您如何
理解快乐？"就在这当口，贝文夫人机敏地插入一句描述性的陈述:
他用那种只有他才会这样看人的眼光打量了我一眼！维特根斯坦消
除误解的努力显然并不仅仅针对哲学家，它同样也包括普通人。就
像马尔科姆如果以普通人，而非哲学教授的身份发表观点时，维特
根斯坦同样会勃然大怒。

部现象，整体而言的进步是不可思议的，正如本雅明所言："没有一种文明的文献不同时也是野蛮的文献。"维特根斯坦显然持有类似观点，参见他对内斯特洛伊［Nestroy］的援引：überhaupt hat der Fortschritt das an sich, daβ er viel groβ er ausschaut, als er wirklich ist.）其实根本不存在什么哲学问题，所有的问题都是生活的问题。不仅如此，哲学家也是普通人。如果他只是在从事哲学研究时才会陷入迷宫，作为普通人却全然不会，那又何必当真？只有当他像"化身博士"那样，只有那时候似乎才有必要关注其双重性，那样的话，我们是否高估了哲学的力量？不然，普通人又何以幸免？只有当他注定置身哲学之中，问题才开始变得严重。如果视哲学为生活，那又当如何？只有当囚徒是自我囚禁时，自由才遥不可及。因为那时的自由不过是另一种囚禁而已。不仅如此，那时的语言将开始突破那条一度将哲学家与常人分开的线。

两种笔触就这样将揭示与揭示本身合为一体。换句话说，语言与语言汇合于"穹隆"结构的顶部。这当然是一个隐喻，因为这一切对维特根斯坦来说都是天衣无缝的。在同等意义上，我们也不能说自己回到了语言，因为我们本就在语言之中。并且不是我们拥有语言，而是语言拥有我们。语言成为实在。同样，象征也成为实在。如此，我们的语言陷阱无处不在并且无所不在。因此作为"语言之囚"的我们似乎将再一次遭遇"宿命论"，就像犹太人命中注定要陷入埃及一样。不过，依据维特根斯坦，"宿命论"只是我们观察事物的一种方式，因而是强加给我们的。问题的关键不在理智而在情感："正像我常讲过的那样，哲学并不引领我去向放弃，因为我并未规避言说，我毋宁把词的某些确定的连接弃置为无意义。但是，在另一种意义上，哲学亟需一种弃绝，情感而非理智的弃绝。这也许正是为何会对许多人如此困难的原因。不去使用某种表达是困难的，其困难一如抑制眼泪，或抑制愤怒、狂暴的困难。"（PO 161）如果仅限于理智，那么一俟我们将囚笼描述一番，我们就已置身囚笼之外，或者根本就没有囚笼。如果相反，我们将成为"语言之囚"。"语言之囚"表征着作为"原罪"的语言（人类注定为情感所困，因而命中注定要被诱惑。正因为如此，作为诱惑者的蛇显然比人聪明）。我们就这样行走在语言之中，就像"茫茫黑夜漫游"[1]。

---

[1] 使揭示"这个黑暗时代"的思想家与《茫茫黑夜漫游》的作者相遇并非在抄袭马格利特，一如后者对洛特雷阿蒙的援引：像一架缝纫机与一把雨伞巧遇在手术台上一样。换句话说，这不是什么"超现实主义"。事实上，维特根斯坦堪称被压抑的塞利纳，塞利纳不啬展示激情的维特根斯坦。不仅如此，一如被局限于讲台的维特根斯坦，塞利纳，这位文学天才被迫救死扶伤："行医，这该死的行当！……"（《与Y教授的谈话》）《茫茫黑夜漫游》出版于1928年，那一年的维特根斯坦正在酝酿他的剑桥之行。这部写实小说所具备的幻想性，和这部幻想小说所具备的写实性同等地让人难忘。不仅如此，《茫茫黑夜漫游》算得上但丁、陀斯妥耶夫斯基与卡夫卡线路的最佳传人。尤为重要的是，这部用黑色涂成的长卷堪称维特根斯坦哲学的最佳布景。（几乎全是黑色，偶尔会有一点亮光，就是那点亮光，或者说，就是那点儿柔情毁了他，当然也救了他：使他免于成为萨德侯爵之后最为冷酷无情的作家。顺便提一句，塞利纳与维特根斯坦可以很快达成一致，相反，萨德与其同时代人康德的一致要通过"反转"才能获致：想一想后者的《什么是启蒙？》，以及针对"启蒙"的萨德式的反动。）不仅如此，不同于《追忆似水年华》（在谈及普鲁斯特，谈到后者在三十五岁那年开始隐居时，塞利纳说普鲁斯特活生生地把自己埋进了土里，从此成为幽灵，甚至还为此年龄写下了注脚："三十五岁，我们不再有梦想与激情，光荣成为虚幻。我们对爱与死一无所知，也不再想知道。我们一无所有，除了欲望；可怜的欲望，就一点点，一钱不值！"），后者是写给蛰居者和有教养人士的，当然还有那些立于幸福而又预期着悲伤的人。与之相反，沙龙中的贵族，隶属于第三等级的无套裤汉，识字不多的民工，书房里的大学教授，无不在阅读《茫茫黑夜漫游》。并且，每一个人都以为读懂它易如反掌。这作为接受可以说是《茫茫黑夜漫游》的一部分，这一点也同等地适用于后期维特根斯坦哲学。

战斗与操练

似乎同样有一条线横亘于后期的行动之中。不过与早期不同，它并非警示的界线，而是无形的渐趋增厚的翻板。后者架于深渊之上。每一次战斗，甚至每一个战斗的姿态都意味着一次翻转，深渊顿时会现于脚下，与此同时，每一次战斗无不意味着一次操练，翻板因此得以回复，并因每一次回复而被加固。换句话说，每一次操练都是朝向无限深渊的有限填充。如此以往，直至深渊，一如欲壑被填平。显而易见，这里的操练并非置身战斗之外，而是内含其中。因此，战斗与操练堪称行动的双面。

战斗作为摧毁

作为摧毁的战斗是从说"不"开始的。"由于它看上去只是将一切有趣的，也就是说，将一切伟大和重要的东西摧毁，那么这种考察的重要性何在？（可说是所有的建筑物；借此只留下了碎石与瓦砾。）但我们摧毁的只是空中楼阁，我们在打扫语言的地基，那些建筑正是建基其上的。"（PU 118）对于维特根斯坦，至少有三种说不的方式：直接说不，或让其自身说不，或在结论中显现为不。第二种说不的方式是不可抗拒的，就像长堤之蚁穴。尽管这只是其方式，但方式至关重要。借助这种方式所要达致的意图是"驱魔"，正如维特根斯坦的信条：不要让我们被蛊惑！

维特根斯坦的全部哲学堪称一个巨大的问号（包括《逻辑哲学论》：伦理化的《逻辑哲学论》在功能意义上实施言说，否则只能是否定的）。显而易见，那是毁灭性的。因为如果我们问自己，有没有从中获得知识？答案当然是否定的；那么维特根斯坦有没有体系？答案同样是否定的。而当我们问自己对否定知道多少时，答案还是否定的。作为维特根斯坦的批评者，斯拉法曾被人称为"否定的精灵"，其实，将此称谓用于维特根斯坦或许更为确切。"哲学问题有着这样的形式：'我不知路在何方。'"（PU 123）更多的时候是让其自身说不，用维特根斯坦自己的话说，是从"不明显的胡说过渡到明显的胡说"。于是"哲学的成果就是去发现这个或那个明显的胡说，以及理智撞在语言之限上的肿块"。换句话说，使其自行呈现，我们看到的只是一些"肿块"而已。说到方法，维特根斯坦说，一部严肃而又出色的哲学著作可以全部由"玩笑"（但不过分），或者全部由问题（没有答案）组成。（AM 28）在关及"私人语言"的片段中，维特根斯坦淋漓尽致地展示了这一切。摧毁"私人语言"堪称摧毁的典范。

维特根斯坦涉入问题的方式一如他处理问题的方式。他并未像堂吉诃德那样挥舞长矛到处冲杀，尽管成为英雄未必不是他的梦想，他同样也非常清楚自己所面对的是些什么样的魔鬼！即便如此，这个摧毁者所展现出的姿态倒是温和的；他说自己只是一个治疗者。在这种意义上，他对问题的涉入极为"随意"，似乎最重要的问题也是偶然碰到的，这堪称其计谋的一部分："如果在哲学中提出论题（Thesen），那么论争就永远不会产生，因为所有的人都会同意它们。"（PU 128.）[1]

---

[1] 如果抽象地对维特根斯坦的后期思想实施提纲挈领，或进行抽象的论证，那么血肉之躯将成为标本。以他关于游戏的评述为例，我们可以如此展开：游戏的存在一方面有赖于规则，在此意义上，规则几如天条，所以说，"我们盲目地遵循规则"，另一方面，游戏并非诸神的游戏，它立于"生活之流"，因而规则也在（转下页）

按照研究者的说法，关于"私人语言"的片段从《哲学研究》第一部分的第 243 节一直持续到第 363 节。这其实只是最为集中的那部分。嗣后会不时地回到同一个问题。即便如此，中间也时常被一些看似"无干"的插入打断，从而使得谈论"私人语言"的部分显得零碎而又断断续续，似乎不过是维特根斯坦跳跃性思考的匆忙笔录，未及整理便已面世。一方面这个最初的印象显然是错误的：维特根斯坦的描述绝非漫无边际，而是深思熟虑的产物。另一方面，与这部"准出版"的著作相比，他关于"私人语言"的课堂笔记倒的确显示出匆忙笔录的特点。但让人惊奇

────────────

（接上页）"流动"。游戏建基于规则，也改变着规则，反过来，规则规定着游戏，亦为游戏所规定。这里一如早期，似乎依然存在着两种视角：参与者与观察者的视角。如果是前者，游戏者游戏游戏，事实上被游戏所游戏，至于后者，观察者只能观察游戏，而观察游戏成为游戏的一部分。因此，观察者乃是虚拟的观察者，却是事实上的游戏者。区分就这样归于同一，同时同一必定内含着区分。正是在这种意义上，维特根斯坦提出了"家族相似"，家族相似必定隶属于家族相似，如此以至无穷：我们似乎回旋于没有空气的空间，或没有空间的空气，抑或两者皆无之中。有鉴于此，维特根斯坦的抱怨就是无谓的："我所播下的唯一的种子可能就是某种行话。"（AM 53）因为那正是维特根斯坦哲学固有的逻辑在回报作为教师的维特根斯坦。

的是，不论《笔记》的"在场性"，还是《哲学研究》中的深思熟虑，都同等地难以规范，也同等地拒斥着论证和分析。严格而言，根本不存在什么"私人语言的论证"，维特根斯坦不过在实施描述而已。因为论证就是从对一个具体论题的认定开始，然后富有针对性地切入论题，并伴之以严格的论证，直至问题的解决。这不失为解决问题最为直截了当的说法，但同时也回避了问题：论争仍旧持存于同一种框架之中。因此，当我们认定问题已被成功解决时，我们也被它蒙蔽。甚至可以说是十足的误导：正如哲学问题的解决意味着哲学问题的消失一样，论证的目的在于论证的消失，而不是引发论证，甚至论证的职业化，甚至一种"论证工业"。就维特根斯坦而言，这一点具体化为他的方式：展示为对话，也消解着对话。对话的形态是对对话的呼吁，当我们准备与呼吁者对话时，他却闭上了嘴巴。正像马格利特所言：我们只看到脱帽敬礼，却看不到优雅风度。因此，当我们自认为沐浴在活人的气息中时，我们其实只是在对着一具尸首自言自语。即便作为论证，论证也难以抽绎出来，因为"论证"只是众多元素中的一种，此外尚有戏谑、疑问、反讽，当然，还有美。总之，这里展示出语言的多种功能，意在反对语言功能的单一性。有鉴于此，其"论证"一如其对话，都是虚拟的，这里的毋庸置辩一如《逻辑哲学论》的毋庸置辩。只是这里的毋庸置辩是问号的毋庸置辩。所以，就"私人语言"的"论证"而言，它注定将开始于清晰的预期（据说"私人语言"所针对的是近代知识论的一个未曾言明的前提，据说后者在罗素那里获致了更为清晰的表达。这并非没有道理，但绝非出自维特根斯坦之口。这一点同等地适用于后期的《论确定性》），并注定逐步走向荒谬。这是其计谋的一部分。

依照维特根斯坦，"这种语言的单词所指的应该是只有说话人才知道的东西，是他直接的、私人的感觉。其他人是不懂这种语言的"（PU 243）。其中的"应该"显示出这是一个先天命题。私人语言与感觉的关系是问题的关键。换句话说，那是词与物的关系：词如何指称感觉？如此追问正是误解的开端。因为这意味着我们在试图为感觉命名，感觉当然是私人感觉。显然，这是基于私人语言的回溯。在何种意义上可以说那是我的感觉，也就是说，感觉是私人的？比如痛，为何别人不能具有我的痛？同一性的标准是什么？一般而言，我们从现在开始步入"正规"，其意义在于，从这时起，我们开始忘记自己正堕向深渊，相反以为自己正走在"论证"的大道上。

维特根斯坦为"命名"提供了一个例证。需要强调的是，维特根斯坦并未认可他的虚拟例证，它只是虚拟的而已，但却经常被研究者认可，即被做实。假设记号"E"与重复出现的感觉相连，那么能否说 E 代表着一种感觉，或者是一种感觉的符号？我怎么能知道重复出现的感觉就是同一种感觉？又如何能把 E 看作这种感觉的私人定义？对于前两个问题，我们缺少一种判据以判证其正确与否，至于"我相信"，那等于什么也没说；最后一个问题同样需要一种超出我个人的判证，因为"感觉"已然属于我们的"共同语言"。不过，这里的"共同语言"只是我们想象中的共同语言，其实并没有什么共同语言以反对私人语言，或取代私人语言，因为失去"使用"的中轴，任何"反转"都难以完成。不过，正是"想象"中的论据成为"论证"的工具。

正因为如此，在解释"痛"的时候，维特根斯坦贡献了他最为著名的例证之一。他说，"假定每人有一个盒子，我们把其中的东西称作'甲虫'。没人能够窥视别人盒中的东西；每人都说他通过瞥见自己的甲虫而知道了甲虫为何物。这时，每个人的盒子里都有可能装着不同的东西，人们甚至可以想象其中所装的东西变动不居，但能否假定'甲虫'在这些人中有一种用法呢？那样的话，那也不是物之名称。盒中的东西根本不属于语言游戏；甚至不能作为某种东西：盒子甚至可能是空的"。最后他得出结论说："当人们以'对象与名称'的模式构建表达感觉的语法时，对象就会由于不相干而被排除在外。"（PU 293）对象的意义未必有赖于对象的存在。因此在使用中，我们似乎根本毋需理会这种模式，在同等意义上，行进中的表达，比如悲伤、慨叹等未必会系之于我们在考虑"私人语言"时的那种命名或归属。

当我们说"我仅仅从我自身的情况得知……"时，维特根斯坦会追问说，这是一个经验命题，还是一个语法命题？这里的语法问题构成维特根斯坦"摧毁"的隐秘之一：对于说明问题的语法，或引人误解的语法，他并未刻意加以区分。比如，"如果你从逻辑上排除了其他人具有某种东西的可能性，那么，说你具有某种东西也就失去了意义"（PU 398）。这显然是个语法论断。当对话者指摘他是"行为主义者"，并说除行为以外的一切都是虚构时，他回答说："如果我说过虚构，那我说的是语法上的虚构。"（PU

307）不仅如此，如果我们说自己有痛，那我们就会说石头有痛，炉子有痛，或星辰有痛，等等不一。谈及原因时，维特根斯坦讥讽地说："因为我非常清楚语法的这一部分：如果人们说炉了痛，并且我也痛，那么，人们就会说炉子和我有着同样的体验。"（PU 350）作为批评的语法就这样混同于批评所指向的语法，并最终导致了坍塌。[1]

1　尽管在某种意义上，维特根斯坦与罗森斯多克－胡塞（Rosenstock-Huessy，著有《言语与真实》[*Speech and Reality*]）在精神上是相通的，诸如他们的犹太背景，对具体的着重，对话的观念，以及对"世俗性"（Secularization）的关注。此外，他们对"语法"也有着共同的兴趣。但是，就胡塞对语法所作的"准科学"论述而言，可以想见维特根斯坦的态度十有八九会是拒斥。即便如此，胡塞对于语法的研究仍可算是维特根斯坦语法"运用"的极好参照。至于"世俗性"，维特根斯坦切入世俗性的方式出人意表；他试图回到"世俗性"，即"日常语言"，以抵御虚假的世俗性：由于没有信仰而放纵地滥用语言，从而启示出其"日常语言"的虚拟性，及潜存其后的真正"神性"的可能。如果日常语言并非虚拟，而是伸手可及的实在，那么维特根斯坦无疑在肯定一种世俗的乐观主义；如果是这样的话，它不仅与尼采以来的文化批判背道而驰，也与他自己的有关"黑暗时代"的诊断恰成冲突。因而，正确的做法是使那些貌似神奇的一切（如语言的形而上学的误用，那种空洞的深刻）返回其出处，即实实在在的生活。后者的不可测度注定了它的神奇！在这种意义上，相对于胡塞，维特根斯坦更像是异教徒，即便在犹太教的意义上也是如此（想一想柯亨［转下页

所以，即便痛的行为可以意指痛的地方，痛的主体仍然不是那个对痛做出表示的人，或者"那个因疼痛而喊叫，或言说自己疼痛的人没有选择言说它的嘴巴"（BBB 68）。否则我们会说桌子的痛在它的脚上，也可以说我的牙痛在你的嘴里。因此，"当我说'我痛'时，我并未指向一个正痛着的人，因为我根本不知道谁在痛"（PU 404）。对此的辩解是：我并没说如此这般的一个人感到痛，而只是说"我……"，这样说时，并没有哪一个人的名字会被说出，正如当我由于痛而呻吟时，我并未说出任何人的名字一样。但是，另一个人会从呻吟中看到谁正痛着。这后一句至关重要：要有他者，或人群在场。不论虚拟或实在，它们构成了我们所谓的"共同生活形式"的背景。正是在这种背景上，知道谁感到痛，并非意指痛的归属，而是了知了有关人格"同一性"的多种判据。这是症结所在，因为哲学的疾患正由于偏食所致。因此，"我"并不是一个人的名称，"这里"也不是一个地方的名

［接上页］对斯宾诺莎所做的不遗余力的攻击，我们就会明白这一点）。但是，又有哪一位伟大的宗教改革家不是某种意义上的新宗教的创立者呢？（毋需提耶稣基督，只要提一下保罗、路德与加尔文就已经足够。）

称，"这个"同样不是一个名称。不过，它们都与名称相连。因为名称要通过它们来说明，而我们要通过察看，而非猜测去学习，因为本质就在语法之中，而语言自身就是思想的载体。所以，一俟"使用"消失，语词或图画就会变得"光秃"。（PU 349）这时候，语法的"幻象"就会再次升起。维特根斯坦不无讥讽地说："当唯我论者提出他的观点时，他并不想得到任何实际的好处！"（PU 403）

事实上，"私人语言"问题本身毫无意义，或者说唯一的意义就是它的毫无意义。维特根斯坦"论证"的过程不啻一幅图画，我们从中看到了空中楼阁如何无声地倒下。一句话，我们跟随维特根斯坦，就是要看到十足的胡说怎样由隐而显。在此意义上，由语法而来的"幻象"无异于"中魔"的我们吹出的肥皂泡。所谓的"批评"就是使其升高，使它飘入新的、更富压力的"环境"，从而使其破灭。只是，很多时候，它被当成了铅球。[1]

---

1 对于语言，维特根斯坦只能"结结巴巴"地诉说。那是"失语症"的初期症状，发展下去，最终会成为福楼拜的圣安东尼："青苔皮疹般地长在我的嘴上，过分的冥思苦想已使我无话可说。"不过，维特根斯坦的"失语症"更多地源于那种致使心灵疲惫的（转下页）

战斗与操练

　　如果破坏性无处不在，那么建设性亦当如是，因为后者正是前者的启示，而我们要做的就是从"每一种错误中锻造出金币"（VB 1948）。不过，维特根斯坦的建设性置身破坏之中，其建设性的强度也相应于破坏性的强度，前者随后者而动。战斗因此成为操练，确切地说，战斗与操练成为行动的双面。它们彼此间的转换难以固定。因此一方面，如果视操练为肯定性的，它就是否定性的，反之亦然。另一方面，如果不限于启示，而是正面述及，或者说，如果从"不"转到了"是"，那么维特根斯坦的建设性操练就与操练中无限退远的逻辑汇合在了一起。那样的话，一种平行性将潜存于"语言游戏""家族相似"与"规则"之间：就操练而言，它们是同等的；就逻辑而言，它

（接上页）"弃绝与救赎"的辩证，只是，他将其转化为针对语言的批判或对语言的克制。这一点绝不限于维特根斯坦，它为 20 世纪受困于这同一种失语症的那些伟大的语言实践者一再地表征。就像卡夫卡的绝食艺人，他们由于无物可食，才将找不到食物的窘境转化为一种表演。

们依次递进。每一个递进的环节无不为自我消解充满，同时没有一种消解不因演示消解而暂时性地被固定。因此，"我们有时需要诉诸说明并非因其内容，而是因其形式。我们的需要是建筑学的；说明乃是一种墙面线脚，不支撑任何东西"（PU 217）。这段话至关重要。对于操练来说，我们需要某种支撑，甚至不支撑任何东西的支撑，正如维特根斯坦所强调的那样。如果忘记了这一点，操练将成为建构，而建构将成为反讽，并最终归于坍落。

由于对"本质"，也是对语言功能单一性的反对，我们被给予了"游戏"。也因为如此，"游戏"似乎可能被视为朝向"本质"的靠近，或者相反，把"游戏"看作源于"本质"的退远，及对本质的反向回应。这显然是错误的，本质不是我们的校对仪，因为游戏的定义是虚拟的。一方面，如果本质只是游戏在虚拟意义上的极端表达，那不论正还是反，靠近抑或远离，有一点是确定的：游戏不可能与本质无关，否则人类共同的生活、公共语言等一切均无从提起。另一方面，如果本质意味着某种实体（这正是本质的真正意谓，也是维特根斯坦所要批判的），那游戏显然与本质无关，更不用说与之相合了。游戏不仅不可能让我们记起本质，也不可能建立在对本质的遗忘之上。所以，如果一定要问游戏是什么，那最初的回答显然是一种反向回答，尽管仍不失为一种回答："知道什么是游戏意味着什么？知道却不能说又意味着什么？这种知识等同于某个未说出的定义吗？所以，如果被说出，我就能够将其认定为我的知识的表达？我的知识，我的游戏观念难道不已完全表达于我所能给予的解释之中？也就是说，表达于我对不同种类的游戏的例证所作的描述之中；表达于我对如何基于这种相似而构造出其他游戏的所有可能样式的指明之中；表达于我对几乎不再能将这个或那个认定为游戏所作的说明之中，如此等等。"（PU 75）但是，随着操练的深入，这类追问将被滞止，换句话说，我们将被操练得不再去如此发问。不过，这是一个过程，正像游戏是一个过程一样。所以，从游戏到游戏的"家族相似"显现为某种退守。事实上，那是一种计谋，随着计谋的实现，操练得以深入。

由于"我没有指出那被我们称为语言者的共同的东西，我想说的是，在这些现象中根本没有某种共同的东西可以使我把同一个词用之于全体，——它们毋宁说以许多不同的方式而彼此相像"（PU 65），因此，我们无法正面回答什么是游戏，或游戏的本质是什么的问题，那我们应该怎样去做？怎样向别人作出说明呢？维特根斯坦回答说，我们应该向他们描述游戏。例如在"体育"这个笼统的名义下所进行的各种游戏，诸如战争游戏、爱情游戏，当然还包括哲学游戏。[1]维特根斯坦接着说：不要说"一定会有某种共同的东西，否则它们就不会被叫作'游戏'"，而要仔细去看，也就是说，不要去想，而要去看！这意味着，当我们被告知语言是一种游戏时，我们也被指明了一条道路，而当我们视其为关于语言的知识时，这条道路就不再是供我们行走，而是专门用来绊我们的了。因此，我们没有获得任何有关"语言游戏"的知识，这无疑是完全正确的。与此同时，我们被操练得如此这般地去看问题，借此"我已改变了他们看的方式"（PU 144）。

1　作为游戏，我们可以考虑战争与虚拟的战争（诸如模拟战争或小孩子的战争游戏）的区别。这两者在形态上是一致的。区别在于实施的方式，但这无关宏旨；也许正当我谈论战争游戏时，我被战争抹去，即便如此，作为游戏的战争并未因此失去其游戏性，正如罗兰·巴特所描述的"爱情游戏"（见于他的《爱情片段》），那就像"毫无思想地演奏一段音乐"！这种区分启示着危险：最困难的问题仍旧是如何切入于虚拟与现实之间。否则，摧毁将把摧毁摧毁，哲学将成为游戏，并且是可憎的。

如果语词的意义在于使用，而"语言游戏"正是使用中的游戏，那"什么是游戏"的追问在严格意义上是不被允许的。即便如此，"语言游戏"的性质是否也同样不能追问呢？维特根斯坦让人惊异地给出了答案，将其规定为"家族相似"。在某种意义上，这可以说是反对本质的本质规定，也可以说是消解本质的本质，后者必已暗含于消解之中。如此，"语言游戏"的悖论在"家族相似"中获致了一种暂时性的解决。换言之，它为新的悖论所取代。

"家族相似"最先遭遇的问题恰恰是：这个家族是一，而其成员是多，标志其"一"的是其相似，而不是相同。这似乎是在回顾"语言游戏"的悖论。正是在回顾中我们开始逐步靠近具体的游戏。也可以说，对"同一"的消解转化为对"相似"的研究。"我想不出比'家族相似'更好的词来刻画这种相似；存于家族各成员间那种纵横交错（übergreifen und kreuzen）的各类相似之处：体态、相貌、眼睛的颜色、步姿、性情，等等。——因此我要说，'游戏形成一个家族'。"（PU 67）这是维特根斯坦有关"家族相似"的最为明确的说明。它注定要以一系列"彼此相像"的例证为前提，并且用来回答诸如此类的疑问：

"你避重就轻！你谈到各类可能的语言游戏，但一次也没有谈到语言游戏的本质，以及语言的本质……"（PU 65）这个看似出自防守策略的最大问题是个"边界"问题。或者说，这是一个清晰与模糊的问题。

对于什么是游戏我们该如何向别人说明呢？我们可以向他描述一些游戏并回答说，这些或与这些类似的事情就叫作游戏。对于游戏我们显然缺少一个边界。维特根斯坦认为，我们可以为了特定的目的而划出一条边界（这显然是一条虚拟的边界），但游戏并不会因为缺少一个明确的边界而无法被游戏（这显然又是一个虚拟的说明）。即便需要一个明确的边界，那"明确"的意义是什么？问题将以反问作答，这也是维特根斯坦的一贯做法。如果我们正面作答，那除非给出一个有关"明确"的虚拟定义，否则我们能做的只是举例说明。那会"不胜枚举"，并且这样做恰恰是在赞成维特根斯坦，而不是在反对他。我们其实根本不会正面回答这个问题，因为设问并不需要答案。于是，我们只能进一步探询所谓的"清晰"或"模糊"的问题。清晰之所以不可能，正是因为如果可能，本质也是可能的。反过来，纯粹的模糊也同样的不可能。（这是个语法命题吗？"表现愿望也即表现其满足。"[PO

124]）在此种意义上，它们的相似取决于后者的模糊程度。模糊会在何种程度上被允许？譬如我在描摹同一处风景：我在晴空无云时可以很清晰地将其描摹下来；在黄昏或在细雨中，我仍然能够做出描画；而在"月黑风高"时，我却无能为力，因为我甚至看不清我紧握画笔的手。有鉴于此，在极度清晰与极度模糊之间有一个过程，它为渐趋递进所充满。仅就"描摹"而言，这个过程构成了一个"意义家族"。

所以，当你追问清晰与模糊时，你会再一次遭遇边界问题。其实，我们一再地被推向边界，确切地说，我们被诱至边界。这一点不仅适用于"游戏"，也适用于"相似"，直至"相似的程度"。在谈及清晰的照片与不清晰的照片时，维特根斯坦反问道："那张不清晰的照片难道不常常是我们所需要的吗？"（PU 71）这是个使用问题；使用意味着例证，后者是对使用的"提示"。弗雷格把概念与区域相比较，并认为不清晰的区域根本不能被称作区域。维特根斯坦为反驳弗雷格举了一个例子，这个例证堪称对例证的描述："说'请你大致站在这里'是否没有意义？请设想一下，我与另外一个人站在一个广场上并说了这句话。我这样说时并未划出什么边界，只是用手指点了一下——就像指向一个特定的点。这刚好就是人们解释游戏为何时所要做的。"这个虚拟的描述必然伴随着说明："他们给出例证，并希望它们在特定的意义上被理解。——通过这种表达我并非要这样来意谓：他应从这些例证中看到我出于某种原因没有说出的那种共同性。相反，他应该以特定的方式运用这些例证。这里的例证并不是说明的某种间接的手段，——由于缺少更好的手段。由于任何一般性的说明也会遭致误解。所以，我们正是这样游戏游戏的（我意指有关'游戏'一词的游戏）。"（PU 71）因此如果没有描述，说明就只是一句空话，而没有说明，描述将无从进行。因此当你说那全是描述时，对描述的选择正体现着说明，反之亦然。这是一种无限退远，或启示着无限退远。在这种无限退远之中，我们似乎已立于疯狂的边缘。换一个角度，那正是切入生活的入口。

维特根斯坦的"游戏"肯定不是莱布尼茨的"单子"。那么游戏如何可能？有关"性质"（包括"语言游戏""家族相似"这类所谓"一般性"定义）的悖论借此而被挪置，并在"规则"如何可能中得到了体现。这个挪置的过程无异于游戏转换的演示，而"语言游戏"及其"家族相似"也在这种转换中得以印证。

遵循规则的悖论是一连串悖论中的最后一个，也是最为"具体"的一个。因为规则的一只脚已经踏入"实践"之中。可以说，它是所有"提示"中最细小的点，几乎就是做（tun）本身，而"做自身看去并无任何经验的量。它看去像一个没有广延的点，一根针的针尖。这个针尖看去是真正的动因（Agens）。而现象中所发生的一切只是这种'做'的结果"（PU 620）。不难看出，维特根斯坦针对"做"的评论所展示出的依然是一种警惕。因此当我们说维特根斯坦的操练并不是无用的符号，或机器的说明书，而毋宁说是大海的水滴时，相对于维特根斯坦所提醒的那种针对经验的摆离，这里要警惕的恰好是那种相对于经验的摆入。有鉴于此，操练并非钻石或尘埃的颗粒，它仍然是水滴。即便如此，那也是精心撷取的结果，正是这一点保证着其摇摆的幅度。如何在此意义上去"做"，成为他精微洞察力的试金石，而有关规则的评述成为那种摇摆的见证。

正因为如此，将规则与所谓"私人性"相连堪称便捷的入口。认为自己在遵守规则并不就是在遵守规则，也就是说，人们不能"私人地"遵守规则。这里所启示的不仅是某种公共性（"人类共同的行为方式乃是一个参照系，借此可以解释陌生的语言"[PU 206]），更是意味着一种习惯（遵守规则、做报告、下命令、下棋都是习惯[Gepflogenheiten][习俗，制度][PU 199]）和实践（"'遵守规则'乃是一种实践"[PU 202]），甚至是一种命令（"遵循一种规则，那类似于：服从一种命令"[PU 206]），以至于人们"机械地"遵循规则。这一点也不奇怪，因为"要么是禁止的规则，要么是命令的规则"（BGM 277）。只有当我们试图去解释规则时，规则才会成为悖论："规则不能决定行为方式，每一行为方式都可以与规则相合。答案是：如果每一物都可以与之相合，那么也可以与之相悖。因此既无相合也无相悖。"（PU 201）这里存在着一种误解，它根植于解释的无限退远。反过来，如果不将其视为解释，而是把它看作一个又一个的实例，从而构成"遵循"或"违反"规则的活动，那样的话，所谓的解释不啻用"规则的一种表达形式代替另一种表达形式"。悖论因此并不存在。[1]

1　维特根斯坦总是把哲学中的一切推至悖论，而作为哲学，他自己的描述也成为悖论。前者构成"摧毁"的要素，后者既是计谋，又是必然。例如，语言游戏显然不可能是对本质的规定，（转下页）

无限长远且不可测度的生活才是规则被遵循、被违反、被建立，或被消解的场所，所以"一个序列的开端乃是无尽的不可见的路轨的可见的一段。这种观念源自何处？那么，现在我们可以考虑路轨而非规则。规则没有限制的应用相应于没有尽头的路轨"（PU 218）。对规则的操练像规则一样不是范型，因为日常语言的自发性与规范性总是超出作为一种行动的追随，后者正是范型所启示的。它只是一种收集而已。确切地说，维特根斯坦对回忆物的收集本身堪称一种

（接上页）因为它的提出正是用来反对"本质"的，同理，它也不是对某种非本质的规定，因为非本质无从规定。因而它只能是描述，而描述只能是对具体游戏的描述，诸如这一种或那一种语言游戏。在这种意义上，"语言游戏"根本无法说出，所能说的只是一种具体的游戏。语言游戏的提出已然是操练的一部分，操练的结果就是语言游戏这种说法的消失，或者说，这是关于语言游戏的语言游戏。我们就这样被逼至边界。正如维特根斯坦所说的那样，哲学问题的解决意味着哲学问题的消失。于是，他告诉我们哲学是被蛊惑的结果，我们因此蛊惑而进入哲学，与此同时，他说抵御蛊惑就是抵御哲学，于是我们逃离哲学。悖论其实正是哲学表达的根本。在论及悖论时，克尔恺郭尔说："人们务必不要轻看悖论，因为悖论乃是思之激情，而失去悖论的思想家，一如失去激情的情人：一个可鄙的庸徒。"（Sören Kierkegaard, *Philosophische Brosamen und Inwissenschaftliche Nachschrift*, Deutscher Taschenbuch Verlag, 1976, p.48）

提示。这样的话，在其哲学操练与生活自身的操练之间，存在的是一种映衬。操练就此被让渡给了有关规则的评述，规则又将其让渡于生活。（"我不能描述如何使用一个规则［普遍的］，因为我不能借此教会你、操练你使用规则。"［Z 318］）反过来，日常语言乃是一种操练，在操练中生成并左右着操练。操练的极致正是摇摆的极致。

就其"性质"而言，"语言游戏""家族相似"以及"规则"一方面应该同时展示，鉴于"描述"的缘故，它们显现为某种"历时性"；另一方面，任何一个游戏都注定在"历时"中展开。其众多元素无不同时尽现其中。在此意义上，如果把维特根斯坦的描述视为游戏，它就不是游戏；如果不视其为游戏，它就是游戏。于是，当悖论成为对悖论的叙述时，我们就此获致了操练。（"悖论可以领略为上帝的暗示，因而我需要如此行动而非沉思。"［BGM 254］）

解放的线路

解放的线路是无限的。可见的只是一部分，或者说可见的部分只是线路的提示。就这些线路而言，它们有时是辩证的，并在辩证中昭示着方向，有时辩证是一种误导，方向在被确认时业已失落，这本身正是方向。没有一种方向可被唯一地指明，当然也没有唯一的方向可以引领我们。方向就是方向的全体。

如果说《逻辑哲学论》类似于巴门尼德（尼古拉·巴赫金），那么除却风格的相似，还有一种未曾言明，也是更为深刻的相似：像巴门尼德的世界一样，《逻辑哲学论》的世界是一个静止的世界。因此，从《逻辑哲学论》到后期思想无异于从巴门尼德到赫拉克利特，是从静到动。[1] 对维特根斯坦来说，这条线是在语言中画出的，这同等地适用于所有其他的线路。正如"语言之囚"纵然意味深长，但只有在语言之中，囚笼的模样才变得清晰起来。

摧毁《逻辑哲学论》"图像"理论的关键在于摧毁其对应性，使其对应发生挪移，即由静到动，从而

1　在某种意义上，赫拉克利特可算是第一个"解构主义者"，是所有叛逆者的先驱（当然是在西方哲学的视野之中，确切地说，它展开于巴门尼德到胡塞尔的背景之上，后者堪称西方哲学的"主流"。尽管主流中并非没有逆流，甚至就某位哲学家而言，那也是相对的）。正因为如此，当我们听说对他顶礼膜拜的不是别人，正是尼采时，我们丝毫也不会觉得奇怪，因为后者堪称20世纪几乎所有叛逆者的先驱。

使其无效。因此所谓的"使用"正是动之别名，没有流动也就无所谓使用，"生活之流"也就无从说起。后者堪称生活最好的隐喻，也是隐喻中的最佳生活。维特根斯坦对"流动"的说明恰恰是对比性的，这绝非偶然。在谈及语词的动用时，他的语调近乎反讽："在这里，人们相信我们的困难在于，应去描述难以把握的现象，转瞬即逝的当下体验或类似的东西，这里的日常语言在我们看来过于粗粝，并且看起来我们所处理的本不应该是我们日常谈论的现象，毋宁说是那些"轻易地就消失，而伴随着其来去所产生的那种近乎平常的现象"（PU 436）。问题在于，只有将其反转，语词才真正获致了其意义："生活之流，或世界之流飞逝而去，我们的词语只在一刹那间得以确证。"（PB 80）显而易见，这里的问题只在于反转，当然要"绕着我们的实际需要这个枢轴来反转"，否则，"如果能够在四维空间中旋转，右手套就可以戴到左手之上"。（LPA 6.36111）

事实上，"动"正是游戏的轨迹，游戏正是对本质或"一"的反动，或者说，本质成为本质的游戏，一成为多。尽管在论及黑格尔时，维特根斯坦说："在我看来，黑格尔总是想说明那看似不同的事物其实是一。相反，我的兴趣在于去显示那看似是一的事物其实是不同的。"（RW 157）但为了防止误解，这种说法必须马上予以限定：存于维特根斯坦这里的并非一与多的辩证，而是从一过渡到多。换句话说，多并非与一相呼应，而是取代了一的位置。一被打碎，或成为多中之一："只有当我们彻底摒弃了下面的想法，即语言总是以一种方式起作用，总是服务于同一种目的：传达思想——可以是关于房子，关于痛，关于善与恶，或者任何什么东西的思想，只有这时，悖论才会消失。"（PU 304）那这是否在重述莱布尼茨"单子"的宇宙？甚至于是否意味着一种新型的"唯名论"？维特根斯坦如是作答："唯名论的错误在于，它将所有的单词解释为名称，但却没有真正地描述其应用。"（PU 383）因而，他们提供的最多只是一幅草图，也就是说，真正的图画依然有待完成。这最后的工作正是由"使用"来负责的："多"要在流动、在关联中，而非在静止与孤立中成就自身。不仅如此，使用中的多样性，或多样性中的使用构成了生活的形态。它是如此地不可测度，以至当我们在谈论"多"时，我们甚至依然没有意识到游戏"惊人的多样性"。

　　"多"展现于外，而非内含于内。所以不要试图去分析你的内在体验，也不要去"玩弄别人内心的东西"。一般来说，日光可使魔鬼归于无形，因而"驱魔"最直观的说法就是将魔鬼驱赶出去。如果魔鬼是"中魔"的言词，那么由内而外，由潜藏而暴露地实施祛除就显得顺理成章。但这种思路显然是在误导：似乎驱魔之后还会留下鬼屋似的。应该说，魔鬼是存在的，但并非实体，说它是魔影也许更为确切，并且即便这魔影也来自我们自己，以及我们所从出的一切。就像植物来自土壤一样。[1]这样的话，由内而外并无不妥，维特根斯坦行动的线路也正是如此。我们发现那些近乎自明的一切并未存在过，不然的话，如果我们依旧置身其中，我们就会发现，"一旦置身其外，所谓'内'也随之消失。当我们回顾时，根本没有外部，在外部你就无从呼吸。原因在于，它就像架在我们鼻梁上的一副眼镜，只有通过它我们才得以看到我们要看的一切。我们从未想过要把它除掉"（PU 103）。因此，我们之所以总想着去挖掘，是因为我们总认为有待驱除的东西必定是隐藏着的。其实，你用不着带上潜水

---

1 Verily, Verily I say unto you, except a corn of wheat fall into the ground and die, it abideth alone: but if it die, it bringeth forth much fruit. (*John* XII. 24)

的装备，径直涉水而过即可。即便"理解"本身也是如此，理解也需要外在的判据，这并非在否定精神过程，而是要使之"可见"。问题正在于此，因为"对我们来说，事物最重要的方面恰恰因其单纯而多见才会被遮蔽"（PU 129）。如果一切都行诸外，或者要求行诸其外部表征（事实上，没有内，也没有外。如果说维特根斯坦并未否定精神过程的存在，那么这个留存物意味着什么呢？一种无谓的，或无足轻重的剩余？抑或某种需要悉心保存之物？），那我们是否会成为行为主义者？严格而言，如果真正把握了维特根斯坦的意图与努力，那么这个问题就是不存在的，因为行为就是行为游戏的一部分。让人诧异的是，它不仅被设问，而且回答竟然明显处于守势：他再次回到了他的非对称性，迅速地从对象摆至方法："我们并不研究自然科学，也不研究自然史，——因为我们为了我们的目的也能虚构自然史。"（PU 579）如此，有人不满于这个回答（比如艾耶尔）就成为意料之中的事情。

不难看出，内与外的辩证其实是个幻影。其中的问题在于看与想的取舍。"不要想，而要看！"这是维特根斯坦的格言。正如维特根斯坦会不断地从对象摆至方法，或从主观切入客观并显现为客观一样；如同他的线路，他启示的线路也处于摇摆之中。不仅如此，"想"是一种静止，某种阻隔，其方向是朝内的。因此当你说，被引导的体验必定是一种确定的体验时，回答将是：你现在想的是一种确定的被引导的体验。问题在于，"只有当我们被引导去想，未来的发展必定以某种方式业已存于当下的把握行动之中，但又并非当下时，只有这时候，事情才变得奇怪"（PU 197）。如果我们追问，什么是想？维特根斯坦的回答直截了当：怎么，你不总在想吗？你就不能观察一下你自己，看看到底发生着什么吗？这应当非常简单！当然，也可以说维特根斯坦直截了当地回避了问题，因为他用看取代了想。这无疑是对的，但为了更好地去看，我们必须试着去了解想。那么有些什么样的想呢？猜测算吗？想象呢？要不要，或尤其要把反思也包括其中呢？在维特根斯坦看来，猜测是一种偏见，因为通过猜测无法习得一个词的使用，相反只有通过考察或审视才能获致。这一点也同等地适用于想象。比如，"我们就不能想象上帝突然赋予一只鹦鹉以理解力，以至于它现在能够对自己开口说话？——不过，有一点很重要，那就是我会因此想象而求助于对上帝的想象"（PU 346）。至于反思，在评论"机械地"遵循规则时，维特根斯坦说，那意味着不去思考，"完全不去思考吗？不去反思"。（BGM 422）[1]维特根斯坦在论述想与看时充满了对看的祈使，因为即便进行解释也还是一种思考，而看是一种状态。所以，毋需事先知道"看"的状态意味着什么，或对此实施解释，而要让使用教会你意义。既然如此，如果他在论述行动，那他业已处在行动之中，因为"言词即行动"（VB 1945）。同样言词也是思想，那么我们能够不言而想吗？当然不能！因为"语言自身就是思想的载体"（PU 329）。不过，真正使想消融于看的努力来自对理解的理解，如果理解也是"想"的形态，如果双重理解成为行动的话，那么"理解一个句子意味着理解一种语言。理解一种语言意味着掌握一门技术"（PU 199）。于是，想成为看，看成为行动，反过来，

---

1 "'思想，这个奇怪的东西'——但当我们思考时，它并不使我们感到奇怪。当我们思考时，思想并不使我们感到神秘，只有当我们似乎在反省似的说'这怎么可能？'时，我们才会感到神秘。这怎么可能？思想怎么能够处理对象呢？我们似乎已借此将实在捕于网中。"（PU 428）

行动亦为看所表征。[1]

因此就看而言，我所看到的并非我们想看到的，而是我们能看到的。（正如维特根斯坦所言：想思考是一回事，具备思考能力是另一回事。[VB 1944]）就我们的所见而言，如果不将其系之于"不可见的"，那"可见的"同样也会模糊我们的双眼，因为我们看不到快与慢本身，也看不到它们的切换，我们所看到的只有切换的结果。快与慢的辩证与维特根斯坦哲学同时开始，不仅如此，辩证中的一极是隐含的。维特根斯坦展示的速度是那样缓慢，缓慢到近乎没有时间："我的象征的表达事实上是对规则使用的神话式描述。"（PU 221）在此意义上，维特根斯坦哲学的发生几乎可以忽略，与此同时，维特根斯坦展示出他捕捉回忆物的让人目眩的速度，其迅疾一如展示的缓慢。当然，快与慢的辩证并非要摆向其中的一极，而是启示出速度。后者并非有待丈量，而是成为丈量的尺度。因此，作为开端的维特根斯坦哲学也是超拔的开始：哲学（这时的维特根斯坦哲学与《逻辑哲学论》

1　"谁在看对象，谁必定就没在想它；谁拥有因惊呼而来的视觉体验，谁也在想他所看的东西。"（PU Teil II 524）

并无二致）成为我们的要求，要求与实际的考察恰成冲突。不仅如此，"冲突渐趋不可容忍；我们的要求正在成为空洞之物"（PU 107）。我们就这样由展示的缓慢进入行走的缓慢之中，因为一方面这里的空气，它的推动或阻力，以及我们行走的地面都在影响着我们的速度；另一方面，生活的速度不断地超越我们，并且在一切（包括哲学对时间与永恒的思考，以及它对快与慢的展示）之后，仍然是这种速度。可以说，这是所有描绘的底色。不过那时候速度已无从说起。一旦离开对快与慢、时间与永恒的探讨，那它又是什么呢？我们赋予生活本身的速度，或者姑且称之为速度的性质会不会又是另外一种"理想物"呢？那正是维特根斯坦所要批判的。如果那不是"理想物"，那么作出这种判断的我们身置何处？如果是在哲学之中，我们必定遭遇"逻辑循环"；如果在生活之中，我们就会一声不吭。况且，生活与哲学是对应的吗？这个问题本身正是对位置的招供，也是对速度的招供。确切地说，是对速度性质的招供。其核心仍然是行动：当我们缓慢地展示问题时，我们期待着行动，即对问题的解决；当我们进入行动时，我们所期待的跳跃早已完成。或者说，它完成于一刹那（其实，依据维特根斯坦，这种说法也是不允许的），以至回顾本身亦成为行动的一部分。

在其展示的缓慢与其意愿的缓慢之间有一种微妙的对应，在其想象的迅疾与难以测度的飞旋的生活之间有一种微妙的对应，存在于不同对应间的是一种同样微妙的平衡。但这种平衡难以测度，易言之，我们无法确定，那我们能够确定什么？就确定性及其反面而言，我们不能说知识是确定的，生活是不确定的，或者相反。这里没有"一般性"的说法。因此，怀疑一切就等于无所怀疑：怀疑像解释一样，它们总有终结。所以，怀疑只有在确定的语境中才有意义，正如"知道"隶属于有关知道的游戏一样："我们的知识构成了一个庞大的系统。只有在这个系统以内，某个确定的点才有着我们给予它的价值。"（OC 410）另一方面，确定的具体构成具体的无限，因而是不确定的，就像会随时袭来"陆地上的晕船症"，我们要做的只有处处规避。在论及无限时，维特根斯坦就此做了最形象的刻画：在与魏斯曼的谈话中，维特根斯坦论及"严格意义上"的无限问题，但他将其规定为"可能性"，从而与"现实性"无涉，或者说，"无限"因此被转变为表达可能性的方式，从而与现实性相连。

解放的目的只有一个，解放的道路却有多条，至少看上去如此。不过，没有一条可以单独或唯一地达于目的，只有道路的全体才能做到这一点。因此，任何单一化的努力所意谓的绝非通途。不仅如此，正如所有的支流都要流向大海一样，也只有大海才是通途。在隐喻的意义上，所有的正路无不与"红海"相连，因为那是通向"应许之地"的不二法门。同样是在隐喻的意义上，对维特根斯坦来说，作为通途的大海同样是目的所在。

"让我们成为人"

哲学据说起于"惊异"。当然是对未知物的惊异，诸如"天上的星空"，不用说，还意味着探索的热情。不仅如此，从亚里士多德到海德格尔，它不断地被强化。让人惊异的是，作为西方哲学第一个记录在案的人物，泰勒斯的逸事在这种意义上不啻寓言：专注于上天却忘了脚下的泰勒斯掉进了枯井。他"崇高"的行为遭致了"平凡"的色雷斯妇女的嘲笑。这笑声持续了二千五百年，直到维特根斯坦将它重新捡起。[1]
因此，"让我们成为人"一方面简单至极，就像信徒
致意上帝的方式，堪称幸福者的生之赞歌，另一方面
它又无以复加地复杂，复杂到足以包容维特根斯坦的
全部宗教努力。两者必定相合，相合成为悖论。调换
角度，悖论无异于生活本身。当然，出人意料的"反
转"也会随之发生，就像维特根斯坦哲学中常常发生
的那样。既可以被看作行动的注脚，又可以被视为彻
底的展示。

　　"让我们成为人"既意味着一条界线，也意味着
我们越过了那条界线。换句话说，我们应该非常自觉
地立于一极，从而使另一极"空置"，因为空置即圆满，
那也是我们的圆满。这与维特根斯坦对语言的批评既

1　就其造物而言，上帝总是因背离而君临，这在信众看来是毋庸
置疑的："耶稣，不灭的荣耀之光，漂泊灵魂的慰藉，面对你，
我的嘴巴无有声音，我的沉默对你诉说。"（*The Imitation of
Christ*, Chapter XXI 4）另见艾克哈特大师："我们找寻你愈多，
我们发现你愈少。你应该以这样的方式，即你从未发现他的方式
去寻找他。当你不再找寻时，你发现了他。"（*Breakthrough:
Meister Eckhart's Creation Spirituality In New Translation*,
Image Books, A Division of Doubleday & Company, Inc.
Garden City, New York）

正相反对又如出一辙。正是在这种意义上，维特根斯坦说："基督教中的上帝似乎在对我们说：不要上演悲剧，也即尘世的天堂与地狱。天堂与地狱乃我的分内之事。"（VB 1931）因此，我们的任务就是将那些悲剧的元素剔除干净。首先要从理论开始，或从摧毁理论开始，因为"有学问的人总是倾向于构建理论"。这也就是为什么我们会一再地在今天的哲学中发现各种儿童化（初幼化）的理论，只是没有儿童的可爱罢了。其实，"无人立于谬误之中，除非他构筑理论的时候"（PO 118）。于是，将其摧毁无异于"让我们成为人"的前提，哲学的惊异就此成为对哲学的惊异："我们似乎做出了一个发现——对此我可以这样描述：我们脚下这块看上去坚实而又可靠的土地竟像沼泽一样是不安全的。——也就是说，当我们从事哲学时，它就会发生；一旦我们回复到常识立场，这种普遍的不确定就会消失。"（BBB 45）因此，哲学问题的解决正在于哲学问题的消失，消除语言误解，就在于使语言留存为语言。于是，语言既是工具（语言是使用中的语言，而不是"空转"的语言），又是语言自身。在这种意义上，"语言就是语言的使用"对维特根斯坦不啻重言式。正是在使用中，语言实现了它的工具性，但工具并非指向目的的中介，或者说，中介即目的。语言因此是自足的。（"我想说出了某种听起来像是实用主义的东西。"[OC 422]）

维特根斯坦正是在这种意义上提及"人类中心"的思想。严格而言，并没有什么"人类中心论"，除非那是譬喻，就像"人类学"对他来说只是一种譬喻一样，否则就无法理解他对"人类学家"的批判："弗雷泽无力想象一个巫师，除非他骨子里就是我们时代的一位英国牧师，并有着他全部的愚蠢和蒙昧。"（PO 124）弗雷泽的错误就在于赋予巫术某种科学化的解释。在这里"人只能实施描述并说：这就是人类的生活"（PO 120）。当维特根斯坦说语言或数学只是一种"人类学现象"时，我们似乎立刻就懂得了他的意谓。所以，"确定性的种类就是语言游戏的种类，而'必须接受的、给予我们的东西——可以说——乃是生活形式'"（PU Teil II 572）。那是一种什么样的生活？并且，朝向"让我们成为人"的努力是否会是一种拯救？如果那样的话，那么判断的基础就是基于我们对人类生活的理解。如果说"语言之囚"意味着深渊的存在，是在洞开一扇看似隐秘的门（它只为我们洞开，这一点根深蒂固，就像卡夫卡《在法的门前》，它只为你洞开），说明我们在试图说明，而不是在确定一种语言游戏："错误在于，我们在应将事态视为'原始现象'（Urphähomene）的地方寻求说明。"（PU 654）持着于那种原始现象，在那里生活，只有那时，我们的生活才会被确定。至于"耶稣对保罗说了什么？人们可以正确地回答说：那与你何干？诚实些吧！你现在根本无法理解真理何为"（VB 1937）。因此，如果我们是人（除了人，我们还能是什么？既然如此，"让我们成为人"所具备的祈愿色彩其实是误导的，因为我们本身就是人，只是为自身的面具所惑，才将自己误认为神或牛头怪），那么那扇门就只是一堵普通的墙而已："由于我穷尽了这种根据，我现在挖到了坚硬的基岩，我的铲子就弯了过来。"（PU 217）因此，终极无它，即墙也。这时"凡墙皆是门"（爱默生语）。于是，"想象一种语言就意味着想象一种生活方式"。如果你能倒立，你就举起了地球，因为你当然知道，地球是飘着的：牛顿力学只是我们无限游戏中的一种，而不是唯一的游戏。就这样，我们置身"生活之流"，不再临渊而栗。或者说，"临渊而栗"亦是"生活之流"的形态："哲学家们说，'一种永恒的状态出现在死亡之后'，或者'一种永恒的状态与死亡同时开

始'，却没有注意'之后''同时'及'出现'等词所具备的瞬时意义，瞬时性藏于其语法之中。"（VB 1932）

维特根斯坦的努力在这里完成了反转：宗教努力一旦达致目的就将失却其特性，或达致了宗教特性的转化；我们似乎因此而被带回早期的"泛神论"："信仰上帝就是看到人生之意义。"（TB 8.7.16）于是，"相信"生活也就是"信仰"生活。对 glauben 的双重（宗教与世俗）使用，并且不加区分，使问题变得更加复杂。如果对生活所持的姿态是"信仰"，那么信仰也是渎神的姿态。如果相反，就将对应于对上帝的敬畏，从而启示了信仰。所以，"一切皆流"起于对一个确定上帝的敬畏，终于对他的亵渎，或者是对一个不同的上帝的敬畏？维特根斯坦对作为隐喻的"生活之流"的热衷让人想起晚年的达·芬奇。后者的绝笔依然是一幅"流水"（流水纤毫毕现，却又无从测度）。这是他毕生萦怀的题材，他的渎神与敬畏尽现其中。正是在这种意义上，瓦尔特·佩特说，莱奥纳多是自基督以来挑战基督教最强有力的尝试（尼采曾正确地说过，反基督教的第一人正是基督本人）。那样的话，那是否也是敬畏无限之流的最佳典范？显而易见，用双手分开流水，最终将被流水淹没，就像沙漠中隐约可闻的呼喊，最终成为风的叹息一样。我们其实无法判断，对维特根斯坦来说，这究竟是逻辑使然，还是意图的一部分？

事实上，"让我们成为人"旨在表达愿望，而非记录实现。一旦意识到或"反思"到这一点，我们就抓住了根本：我们对人的背离，连同背离的必然性正是人之表征（上帝最大的痛苦就是不能去死，因此上帝之子是作为人而不是作为神去赴死的）。这会是他的初衷吗（维特根斯坦对反思的抨击言犹在耳）？否则，作为愿望的表达也只能是一种愿望。所以，"让我们成为人"意味着我们只是在原地踏步。这对于一个清扫地基的人来说显得顺理成章，因为他不可能离开原地。换句话说，"应许之地"就在脚下。这个讥讽的说法一方面多少会让我们感到不安，另一方面，"让我们成为人"堪称一种提示，借此我们被告知了自己的状态。如果说"中魔"的我们会把任何深渊视为平地，那么当我们与深渊面面相对时，它是否会瞬间化为平地？这当然不是魔法，也不是奇迹。可我们对此能吃得准吗？如果说对奇迹或魔法的祛除是针对科学或哲学或其他的僭妄，那么反过来，就宗教奇迹而言，从科学的角度，奇迹显然并不存在，但从宗教的角度，事情会截然不同。问题取决于我们的角度。不仅如此，当维特根斯坦提及人类的情感，以及这种情感的韧性与难以控制时，他是在淡化"魔法"的力量，还是在强化贯穿始终的 "宿命论"？[1]前者是我们所不知道的：信仰的世界不同于不信仰的世界；如果是后者，"让我们成为人"将注定成为呼喊，甚至于是"原罪"的呼喊，因为降生便是罪。如果有来世或转世，那同样也在劫难逃。宗教的努力就这样再一次以异乎寻常的方式被确证：像所有的宗教呼告一样，那也是一种呼告。那样的话，我们将别无选择地陷入维特根斯坦所说的那种"沼泽地"中，并且每一次挣

---

1 "宿命论"似乎是专为犹太人准备的，就像命中注定只有犹太人辛格才能写出《市场街的斯宾诺莎》一样。不仅如此，那位"斯宾诺莎"注定要落入"市场街"，也注定要被多比诱惑，并且注定不是在《伦理学》的字里行间，而是在多比松弛的身体上找到自己的幸福。在论及命运与自由意志时，维特根斯坦以不同的方式重述了期宾诺莎：自由意志？正因为对命运一无所知，它才被称为自由意志。（尽管一直在批评斯宾诺莎，但犹太人柯亨在论述古代命运观时，还是达于了"不可逃避的结论"："命运的法则看去正是引发相对于这些法则的逃离，是一种叛逃。"）在另一处，在谈及"宿命论"时，维特根斯坦作了如是评述："与其说那是理论，不如说是喊叫与叹息。"

扎都不啻一次深陷，直至沼泽的深处："没有人能唱得像身处地狱最深处的人那样纯洁；凡是我们以为是天使的歌唱，那是他们的歌唱。"[1]

---

1 本雅明说："它所度过的每一时刻都将成为 citation à l'ordre du jour（嘉奖令）——那一天就是'审判日'。"（Walter Benjamin, *Iluminations*, Fontana Press, p.246）于是，我们应该设想自己是幸福的。

第四章　灰烬或沉默

啊，有多好，没人知道，我是一个侏儒妖。

——《格林童话》

　　如果言说成为行动，那么行动的终结是否意味着沉默的到来？如果言说本就是沉默的一种方式（仅就维特根斯坦而言），那么紧随沉默的仍然是沉默吗？抑或是另一种言说的开端？如果以真正诗的手法展开行动，那么对行动的记录是否就是诗的练习？如果可以把维特根斯坦哲学（尤其是后期）视为对话的结集，那么对于展开于对话中的行动来说，沉默的文本究竟是无声的指引，还是骄傲、误导甚或耻辱的证词？不仅如此，对一种间接行动（就宗教或伦理而言），尤其对这种行动可能具备的危险来说，行动中最后的行动不应是中止对行动的回忆吗？对行动者来说，除了行动，还能拥有什么？所有的这一切莫不与伦理，尤其宗教息息相关，有关宗教与伦理的一切又莫不与维特根斯坦变幻的角色紧密相连。其中首先要提及的就是作为行动者的维特根斯坦，因为这是所有角色中最具体，也是最抽象的一个。

在某种意义上，维特根斯坦哲学贯穿始终的宗教与伦理特性是对其处境的反应（《逻辑哲学论》写于战壕之中，后期哲学亦被战争打断。"这个时代的黑暗"始终影响着维特根斯坦），这种反应自然而然，但他的反应方式堪称异乎寻常：维特根斯坦成为行动者，并作为行动者进入哲学，从而使哲学成为行动。这两者的关系时而冲突，时而平行，并最终融为一体。

维特根斯坦在人与逻辑的优先性上选择了前者（如果不首先是个人，何以是个逻辑学家？），这与他对哲学的改造刚好一致（哲学不是理论，而是行动。作为信条贯穿始终）。贯穿始终的这一信条无异于选择了困难。如果行动者为哲学的行动取代，那么这种行动将会呈现出何种形态？又如何呈现？一种反理论的努力肯定不是理论，也不应被看作理论，后者强化了困难。维特根斯坦不出意外地选择了间接表达；不是表达宗教或伦理，而是将其呈现；就行动者而言，不是提供个人的观点，而是将个人性体现于行动之中。正因为如此，在他出版和准备出版的著作之中，维特根斯坦要么以沉默来实施言说，要么细心地将任何直接的表达悉数祛除干净。

一种建立在间接表达之上的论断难以构成围绕中心并自成一体的系统。维特根斯坦成功地迈出了第一步，但也只能迈出第一步：为了进一步抵御其聚合的能力，还要强化它的自我消解。有鉴于此，维特根斯坦的表达成为否定表达。"疑问与戏谑"既是其哲学的形式又是其行动的轨迹：问号为了解答而描画，同时笑声消解着追问的迷狂。在一切之后，所留存的仍然是问号。此外，维特根斯坦的计谋成功的可能有赖于使哲学成为对话，因为只有性质上堪称对话的思想才意味着真正行动的可能。同样，对话的可能有赖于真正对话者的可能。这一点将在某些时刻使其对话的性质发生逆转。维特根斯坦的后期哲学几乎无一例外全由断片构成。它们或长或短，就像对话的笔录。就对话而言，构成对话特征的正是其开放、无限、具体，以及自发，它们使对话像生活本身那样具体可感，又同样长远而不可测度。在此意义上，对话最为可感的特征归结为对话的"在场"。[1] 在场构成对话未完成性的基础，同时亦为对话的内容所保证。

但是，对话是否会因行动者的退出而结束？能否在没有对话者的时候继续保持其"在场"？或者相反，对话被中断或被沉默取代，对话的笔录成为灰烬？甚至像维特根斯坦所说的那样，思想成为"尸首"？在此意义上，维特根斯坦的"文本"成为问题的核心。如果言词只是灰烬，或者只是行动者的废墟，那出版其作品无异于一种背叛。反过来，如果他将著作留诸身后（正像维特根斯坦所做的那样），那么行动者得以始终一贯，但行动的轨迹却无从追寻。

维特根斯坦说，他的思想要等上一百年才能被真正理解。难道这是在意指他身后的喧嚣不过是持续不断的误解？意指一度与这些断片相伴随的、曾经沸腾的内心，伴随着作者的离去，言词也将归于沉寂？这

1　"总是不带笔记，径直闯进教室，沉默，然后是痛苦而又结结巴巴的诉说……"这几乎是维特根斯坦的基本形象。难怪在听到学生抱怨《泰阿泰德》的"冷漠"时，他坚持说它写出的时候远非如此。柏拉图亦有同感：写作如同绘画，它有着生之表象，但当你提问时，它只持有严肃的沉默。在论及弗洛伊德时，维特根斯坦的观点更为明确："弗洛伊德的著作随他一起死去。今天再也没有其他人能以他那种方式从事精神分析。"（RW 154）

是否还意味着等待与未来？也许在未来，或无限的时间之中，有人能在这些破碎的音符之上弹出一个曲调？就像巴赫尘封的乐谱为古尔德的天才照亮？那样的话，我们能否看到隐含于这些断片中的韵脚，听到沉默的吟唱？一句话，我们能否把维特根斯坦看作诗人？

"我认为，我对哲学的态度可以总结如下：哲学其实只应是创诗。"（VB 1933—1934）他的自白并非没有道理。当我们阅读后期维特根斯坦时，我们会不断地为他跳跃的节奏和同样跳跃的想象力所倾倒，但同样也为之迷惑：每一次靠近都是一次退远，同时所有的努力无不被先期击碎。似乎那是些咒语的片段，正有效地抵御着任何企图强加于它的异质性，同时又时刻准备着接纳外来者。那些片言只语不啻散落的火种（"为特定的目的收集回忆物"），但拒绝成为火焰，因为后者总会熄灭。相反，火种始终留存为熊熊之势的可能性。所以，你尽可以将其看作诗篇，事实上却不是。[1]

---

1 维特根斯坦热爱侦探小说绝非无谓，他也绝非偶然地拿其与《心》相比。维特根斯坦从事哲学的方式与福尔摩斯从事侦探的方式何其相似！不仅如此，更为重要的是，侦探小说的兴起（转下页）

正因为如此，视维特根斯坦为诗人将遭遇巨大的困难。对他来说，袭用诗的手法既是计谋又是必然性。如果诗的手法是为了消解理论，尤其为了抵御科学理论的入侵而被引入，那么这种手法正是题中应有之义。因此借助跳跃将其连成一体，就如同珠玉之线，这条线本身却时隐时现。它正是在这种意义上显示出宽容的姿态，其实却毋庸置辩。试图从维特根斯坦描述的"空当"处着手论证以击倒维特根斯坦肯定是徒劳的，因为他只会回答说，他所做的一切只是描述而已。另一方面，描述只能是自我描述，他所做的只是"收集"，从而反过来强化了那种视其为诗人的困难。如果说诗的手法起于某种计谋，现在它成了保护自身免受侵袭的手段。

（接上页）与工业社会紧密相连，正像后者与"分析哲学"或其前身"经验主义哲学"紧密相连一样，甚至于，侦探小说堪称"分析哲学"更富智慧的反讽。正因为如此，人们才不难理解为何从坡到塞耶斯与奎因，尤其要包括科林斯、柯南·道尔、切斯特顿及阿加莎·克里斯蒂的几乎所有著名的侦探小说家都是操英语的写作者。另外，试比较维特根斯坦对侦探小说的热爱与卡夫卡意味深长的拒绝：神秘并不隐藏在背景之中，恰恰相反！它直瞪瞪地看着你。正因为它显而易见，我们才视而不见。日常生活才是迄今为止最伟大的侦探小说……

正如海德格尔将存在让渡于诗篇一样，维特根斯坦实践了诗。维特根斯坦在此意义上堪称哲学"终结"后第一位真正的思想家，也许是唯一的一位。他像海德格尔一样背负着哲学所能有的全部辎重，但与后者不同，他模糊了针对性，或者说，他只抓取伸手可及的东西以投射哲学，从而得以继续阔步前行，同时又保留着所有的滞重和张力，且克制而又刻意。这同样与德里达迥然有别。后者因为放纵而被"写作"奴役，正如诗很快被稀释为散文，最终为市场说书人所取代一样。维特根斯坦在消解理论的同时，也将消解归于行动，诗因此被内化于中，而非呈现于外。正如行动乃行动本身，却难以归结为有关行动的理论一样。维特根斯坦诗的手法因此并未成就诗篇，而是将其悬置，并在这悬置中持存着诗的性质。不然，挂在墙上的"座右铭"迟早会成为纪念品。

作为行动者，维特根斯坦行动的性质绝非单纯。其行动的含混由诸多元素构成，其中的一部分展示为"救赎"。[1]换句话说，那是对恶的昭示。其实，恶

---

1 只是由于恶，救赎才有了意义，同样，只是因为"这个时代的黑暗"，作为救赎的光明才会出现。事实上，维特根斯坦一方面只对文明作出了表述，因而并未图谋拯救，另一方面，将（转下页）

的问题贯穿始终，而在维特根斯坦这里，它具体化为贯穿始终的负罪感和恐惧，并使其全部的行动转变为他的"天路历程"。恶的问题一方面与生俱来，恶之莫名正是恶之本性。所有可以甄别的罪恶都是"原罪"的体现（保罗说，法律以降是为了犯罪）。另一方面，恶显现为一种寄生物，似乎伴随对恶的祛除而来：据说制服魔鬼的最好办法就是让其自行其是。与之相反，维特根斯坦似乎一直在饲养着他的魔鬼，或者说，他的克制强化了魔鬼的力量。在《逻辑哲学论》中，他通过沉默将恶予以遮蔽，但《逻辑哲学论》却鲜明地展示出一个罪人和一个自我救赎者的双重形象：拒绝言说以规避空洞，同时达于沉默的道路充斥着近乎癫狂的言说，言说中充斥着无以复加的骄傲。正像别人所描述的那样：只有魔鬼才会如此骄傲！这一点以更为复杂的方式为其后期思想所强化。[1]

（接上页）蕴含的逻辑推至荒谬，确切地说，将其彰明，在这种意义上，他的行动有着毋庸置辩的救赎性质，但并不呈现为救赎。

[1] 恶并非沉思的对象，而是亟须祛除的东西。恶一旦出现，出现于维特根斯坦面前的就会是"末日审判"。有鉴于此，很难把维特根斯坦归属于某一派别（诸如诺斯替教派）而不牵强。即便这种联系能被接受，鉴于维特根斯坦的犹太背景（"你的宗教观念在我看来常常是希腊的多于《圣经》的，相反，我的思想是百［转下页］

表面看去，后期维特根斯坦哲学似乎将《逻辑哲学论》的断言逐一稀释为"描述性"话语，或者把柏拉图冗长的对话浓缩在一个短小的段落里面，其中不乏隐秘的论断，但均被细心地插入"描述性"话语之中，似乎成了后者的暂时性休止。因此，整个后期的维特根斯坦哲学显现为针对"语言游戏"持续的描述，随意而又绵延不断，一如生活本身。这个表象的迷惑性正如将自己定位于"治疗者"从而掩饰了自己的破坏性一样。维特根斯坦其实从未丧失他对人类的轻蔑（"同行的是一帮猪猡！毫无热情，难以置信的粗野、愚昧且又恶毒……"[RW 195]），也从未认可过人类的价值观。依照他惯有的说法，那不过是些"胡说"而已，这反过来确证了他的价值观：拒绝价值的价值

[接上页] 分之百希伯来化的。"[RW 161]），与其将其系之于诺斯替，不如将他与卡巴拉相连更为确切。即便如此，即使肖勒姆也不得不承认，在卡巴拉与艾克哈特，及雅各布·波墨之间存在着相互影响，前者更是打上了诺斯替的烙印。另一方面，根植于某种传统或思潮未必就对之知之甚深：问题不在知识，而在才智、气质与意向；皓首穷经并非证词。肖勒姆正是在这种意义上将卡夫卡视为犹太神秘主义在今天的最佳传人。除此以外，指摘维特根斯坦对哲学经典不甚了了一如指摘海德格尔对经典的姿态。众所周知，后者因对希腊残篇、荷尔德林及康德所做的"离经叛道"的解释而不断地遭致批评。

（相对于尼采的"重估一切价值"，维特根斯坦甚至放弃了这种企图）。像波德莱尔一样，这个时代没有一种东西会是他喜欢的。因此与敬畏相伴随的是他谦卑的姿态，背后则是独立不倚：拒绝依附任何一种价值观（这当然包括具体的宗教观；如果依据他对伦理学的看法，那么这世界如果真有一本"经文"，那么它将把所有其他的一切悉数摧毁。这等于说：没有"经文"），也不提供任何可资指引的价值观。他的观点明白无误：这是被上帝抛弃的世界，渎神都无从说起！

正是这一点把问题导入混乱。这个声称为"上帝的荣耀"而写作的人，却对上帝不闻不问。不仅如此，他否定的结论使他更接近于诺斯替派对恶的看法。但是，这位描述"生活形式"的人似乎来自火星，从而使他的药方变得危险：既是一帖解毒剂又是一剂毒药。就这样，起于对恶的祛除，终于对恶的纵容，救赎成为堕落。鉴于维特根斯坦的面容始终模糊不清，恶的问题也更多地展现为对恶的祛除。这为他一贯的克制与恐惧所确证。其实，为恐惧"最后审判"而写作，一如为"上帝的荣耀"而写作，反之亦然。维特根斯坦的身后言词无异于恶的见证，因此是应该祛除的。[1]

恶的问题因对恶的祛除而来，如果角度调转，我们将站在先知的那一边。一个行动者，一个敬畏上帝，并试图带给我们"光明"，同时又是一个引领我们走出"语言之囚"的人确乎就是一个先知。不过，我们的先知要历经某种"变形"才能获致，因为一个依照逻辑要在风中行走的人，一个沙漠中的呼喊者，现在却被固定在了讲台上（哈耶克说，我的这位表亲疯了！）。确切地说，他被囚于哲学之中（抑或他自愿被囚，就像"道成肉身"那样？），我们最终得到的只是一个被扭曲的先知形象。对维特根斯坦来说，似乎只有一种选择：放弃或者不放弃哲学。一旦进入哲学，混乱就随之而起；一旦放弃就意味着放弃行动

1　维特根斯坦提到过《化身博士》，显然极为喜爱。其实，维特根斯坦真正关注的总是那些"有罪"之人，从《圣经》中的"行淫妇人"到斯麦尔佳耶夫，再到海德先生，等等不一。不过一如既往，这个故事的意谓被作为例证纳入其描述，从而被消解或被遮蔽。非但如此，维特根斯坦表现出斯蒂文森同样夸张的恐惧。就维特根斯坦而言，那表现为对"最后审判"的恐惧，至于斯蒂文森，在其弥留时刻，他猝然惊恐地追问家人：我的脸有没有变形？维特根斯坦说："如若巧妙隐藏，那就很难找寻。"（VB 1937）

（他在后期曾对他的学生说，他已不可能放弃哲学）。[1]哲学就此成为他的"红海"：难以逾越而又必须逾越。

这个悖论不仅注定了其行动的否定性，而且也使得作为先知的维特根斯坦变得令人费解。正如对话意味着对话者存在一样，行动，尤其先知的行动意味着人群的存在。维特根斯坦对于人群显然是不信任的；他在早期指定了自己的读者（"只有那些自身一度思考过这本书中表达的思想或类似思想的人才会理解"[LPA 前言]），后期的他声称只为少数人写作（"如果我说自己的书只为人群中一个确定的小圈子［如果人们可以把它称为小圈子的话］而写，那这并不是说，我认为他们是人类中的精英。不过，我可以求助于他们［倒不是因为他们比其他人更好或更坏，而是］因为他们隶属于我的文化圈子，就像我的同胞一样。与之相反，另外的人是我所陌生的。"[VB 1931]）。

1　愈往后期，这位"驱魔者"就愈发难以自持：他成了中魔者！他说自己已经难以放弃哲学。直至生命的最后时刻，维特根斯坦仍然坚持自己的哲学操练。在那些时刻，哲学与生活浑然一体，克制与放纵难分轩轾（因为后两者的区分有赖于前两者的区分）。个人融于哲学，哲学则成为其个人性的最佳表达。维特根斯坦的遗产正是在这种意义上被赠予了我们。他有一次说："宗教的疯狂源自非宗教的疯狂。"（VB 1931）

走出荒岛的鲁滨逊似乎依然怀念着自己的荒岛。不仅如此，维特根斯坦拒绝在公众面前演讲（这与精于此道的罗素刚好相反。维特根斯坦罕有的一次例外是他的《伦理学讲演》，一次意味深长的例外），他的对话总是囿于沉思的规模。在此意义上，早期那个固守自我的维特根斯坦似乎并无太多改变。他似乎仍然是一个苦修者，或一个借助苦修而获致"完美"的圣徒，而非引领别人的先知："我不可能创立一个学派，因为我根本不想被人效仿。"（VB 1947）这种潜在的不谐和对应于一种谐和（在先知的意义上），或另外的一种不谐和（在行动的意义上）。仅就前者而言，维特根斯坦将其孤寂的沉思不为人觉察地带入后期哲学，并显现为毋庸置辩的行动，或者说，"本质"（如果这个词可被使用的话）上是对话的哲学实现为一种虚假的对话或伪对话。

以维特根斯坦个性之强却未能创立一个学派，面对人们的困惑，艾耶尔解释说，那是因为他不是在引领他们，而是老想把他们吓住，从而剥夺了他们独立思考的能力。那为何不能将其理解为引领的另一种方式？换句话说，不是要他们理解，而是要他们跟从，就像"盲目"地遵循规则一样。只有这样，才不难理解维特根斯坦展开对话的方式：像苏格拉底一样，维特根斯坦看似自发性的对话其实牢牢地被他握在手中，似乎每一步都处在他的支配之下，甚至于就像皮尔斯所说的那样，他授课的方式如同"魔术"！在这种意义上，维特根斯坦的思想不仅难以理解，而且几乎注定不可理喻，因此注定"播下的只是一堆行语"。这无法通过对话者的迟钝予以解释，因为维特根斯坦总是不断地出牌，底牌却始终不露。

这位"先知"的启蒙者面具一方面使他成为对话者，其实不过是陷你于迷宫的伎俩；另一方面，诱惑乃是拯救的前奏，所以应该设想，维特根斯坦不仅洞察秋毫，思想也有如神授。他"魔术"般的授课方式使其思想成为"蛇杖"或"燃烧的荆棘"。仅就形式而言，我们不会拥有更为合格的先知。但这种谐和必定要与一种不谐和，也即哲学行动的不谐和相关联。我们不得不再一次回到起点；一位先知带我们返回生活，其行动却是哲学中的行动，这将使我们难以规避先前的悖论。只有一种可能，即这时的行动成为无从引领的行动，是空洞的典范，只有当哲学作为行动超乎哲学之上，只有这时问题才能解决，行动也因之成为行动的典范。成就行动的言词成为比空洞更为空洞的替代物。换言之，成为灰烬。

最后一个登场的是个人。在所有的角色登场以前，个人其实已先期登场。不过，其形象被后起的形象所模糊，更兼维特根斯坦的个人性现身于他对个人性的遮蔽之中，致使个人在大幕行将拉上以前，甚至在业已拉上以后才出场：维特根斯坦是哲学家吗？在"正统"或"学院"的意义上肯定不是。那他是先知吗？他会立刻予以拒绝。那么他是英雄吗？兴许那是他的愿望。至于诗人，他只能写作"拙劣的音乐"。一切之后，维特根斯坦肯定就是克尔恺郭尔的"那个个人"？但如果这个人立于黑格尔庞大体系的另一极，从而隐喻地成为黑格尔精神"外化"中的鲜明注脚，那同样不是。既然如此，如果是在行动之中呢？

表面看去，维特根斯坦并未在捍卫个人，那似乎也并不是他的意图。但另一方面，个人性问题堪称他最为隐秘的一面。换句话说，维特根斯坦所关注的始终只有个人：幸福与否乃是所有问题中最重要的问题。正如他早期所言，他只把自己的哲学看作自我的"密语"，到了后期，他会调侃地反问："我思想的欢乐是我自身独特生命的欢乐。这是生存的欢乐吗？"（VB 1931）因此从不涉及个人（甚至从不涉及人，在这种意义上，维特根斯坦哲学是非人的，因此没有一种哲学会比"存在主义"离他更远）的维特根斯坦哲学，换一个角度，正是个人隐秘生活的笔录。他只是以自己独具的方式生活，几乎不为外界所动（他生活其中的处境强化了这一点，就像普罗提诺或斯多葛学派，后者仅仅因为形式才区分于伊壁鸠鲁学派，其实只是用不同的方式来诠释幸福）。哲学是他活下去的依据，是其欢乐所在，不是他的拐杖。或者说，哲学内含于他，一如克利：在狂喜的瞬间，色彩与我合二为一。因此欢乐而放弃了一切，或因臣服于欢乐而拒绝臣服于其他，当然也包括上帝。在此意义上，自杀（如影随形地紧随着维特根斯坦）既是对丧失欢乐的恐惧（直到晚年，维特根斯坦依然认为哲学是带给他快乐的唯一的东西，因此一旦失去研习哲学的才能，他就会决然而去），又是对快乐的确证：不啻追逐欢乐最为迷狂的证词。

所以，那些断片是他幸福的记录，充满着笑声与欢唱，但记录亦是固定或者说在吞噬欢乐（维特根斯坦对语言理论化的倾向所显示的近乎神经质般的恐惧确证了这一点）。这一点整体看来几乎是注定的。能够让我们窥见其欢乐的契机很可能只是一些不起眼的东西，如同普鲁斯特的"非意愿记忆"：启开记忆之门的是那些细小之物，并且超出我们的意识。因此欢乐一旦被固定即已失去或被尘封。但那与我何干？我的欢乐是我度过的欢乐，而不是我记下的欢乐，后者已不再属于我（那么欢乐属于我吗？在拒斥"私人语言"时，维特根斯坦没有拒绝私人感觉。语言一俟成形就不再属于个人，当然也不再属于"大家"，一句话，它不再是拥有的对象，而是行动的一部分：维特根斯坦借助"语法"所达的隐秘的反转使我们难以觉察，以至被视为当然。我们借助语言的行动化得以巧妙地保护自己的欢乐），鉴于"语言乃是公器"，所以言词只是我的灰烬，是否会点亮别人的心灵根本不是我所能决定的。（我们需要再次回到《哲学研究》前言中让人困惑的表达：在这个黑暗的时代，以这份工作的贫乏，给这颗或那颗头脑带来光明未尝不可能；当然也并非可能。）正因为如此，像卡夫卡对其著作所表现出的暧昧姿态那样（诚如博尔赫斯的评点：焚毁其著作可以自行完成，毋需托付他人，交与他人是推卸责任），维特根斯坦表现出同样的暧昧：几度试图出版其著作（出版的理由是由于自尊心受到伤害，现在看来这个理由是完全诚实的），但均未付梓，最后将责任推给了他人。维特根斯坦的身后之作，不论其内容的遴选与编排，还是其题目的设置，均无一不是编辑者所为。倘若重生，维特根斯坦会断然拒绝以此种方式归于他名下的著作。正如他的授课所播下的只是"一堆行话"一样，他的身后留下的只是一堆断片。

所以，如果维特根斯坦的个人性淋漓尽致地展示于其行动之中，并且与其无所不在的宗教性毫无二致，一如宗教中无所不在的上帝，那么其个性尽管无处不在，维特根斯坦却无处可寻。以为可以通过"踪迹"抓住维特根斯坦，如同可以借助彗星之尾进入太空一样。更兼"一个戏子可以扮演大量的角色，但末了必定作为人死去"，因此我们无法确定：作为个人的维特根斯坦究竟是谢幕后的血肉之躯，还是一连串角色中的最后一个？[1] 对于个人，除了援引他的告白，我们

1　当他的学生请他就希特勒的讲演是否真诚发表看法时，维特根斯坦的反诘机智而隽永："一个芭蕾舞者是真诚的吗？"（RW 138）

又能多说些什么呢？"告诉他们，我度过了绝妙（wonderful）的一生！"（AM 81）至于嗣后是什么，那是显而易见的："剩下的只有沉默"（The rest is Silence）。莎士比亚如是说。[1]

---

1 "早先的文化成为一堆瓦砾，末了成为灰烬，但精神飘浮其上。"（VB 1930）至于灰烬之中有无"火鸟"的叫声，或者是否会像雅贝斯（Edmond Jabès）所说的那样，"当灰烬转化为遗著，言词将再生于其初闻"（Edmond Jabès, *The Book of Shares*, Chicago and London, The University of Chicago Press, 1989, p.85），就这点来说，就像垂危的维特根斯坦对"确定性"所做的让人难忘的探讨那样，我们其实无法确定。如果你说维特根斯坦压抑的喊叫声响彻他"沉默的诗篇"，如同鲍里斯·维昂的诗句："即便被埋于墓穴之中，我仍旧会张开双臂，让我的呼唤在空空的臂弯里回荡。"那么即使我没有异议，你又如何确定呢？如果我说，我疼痛难当，直至放声大笑，你又从中得到了什么呢？正如维特根斯坦所言："想象力在我们的研究中所起的作用依然是不清楚的。"（PU 395）也许你所发现的是一种"新的观点，就像你曾发现了一种新的绘画方式；或者一种新的韵律，或者一种新的方法"（PU 403）。

结　语

　　维特根斯坦"生逢乱世"。其哲学也将在某个"乱世"或"盛世"中获致说明。这是时间寓言的一部分，我们依然生存于这同一种寓言之中。[1] 这种寓言的实

1　卡夫卡反讽的回顾性眼光（"何以能在完全的沉默中聚集？并且，即便以约瑟芬在场，他们不也是沉默的吗？她真实的尖叫声会比记忆中的更为响亮，更富生机吗？她在世的尖叫声会多于一种单纯的回忆吗？难道不就是由于约瑟芬业已以这种方式不朽，我们智慧的人民才为她抬得如此之高吗？"［《歌手约瑟芬，或耗子听众》］）在维特根斯坦这里变成对现象的直接性的推测（"一只爆竹在我跟前鸣响，我说：'爆炸声没有我想象的那么响。'有人问我：'怎么可能？你想象中有比它更响的爆炸声吗？'"［BBB 40］）。但是，就不确定性及其意谓所作的意味深长的表达而言，它们是一致的。在这种意义上，在谈及塞壬也即诱惑者时，卡夫卡说：相对于她们的歌声，塞壬的沉默更为可怕。这里要稍作补充：卡夫卡认为他自己对音乐一窍不通，并且在他看来，整个犹太民族全然不懂音乐，所以塞壬只能引诱希腊人，犹太人用不着防备，因为他们（转下页）

质展现为一种悖论：在宗教意义上，救我们于迷惑之网的意图拒绝被认定，但会在"让我们成为人"的呼吁中不断地被强化。显而易见，这个悖论建基于个人与其时代、意图与行动的张力之上。维特根斯坦在此意义上像勋伯格一样是一位"背负神恩但拒绝传道的人"（阿多诺语）。宗教的性质因此展示于他的哲学之中，哲学注定成为消失中的哲学，那恰好是目的所在。有关宗教性质的悖论从此代换为哲学的悖论：以哲学摧毁哲学。哲学因此成为行动。

（接上页）本来就充耳不闻；犹太人听懂的只有沉默。既然如此，作为犹太音乐家，马勒的冗长，他的铺排，当然还有他的反讽，意味着什么呢？如果说马勒骨子里只是一个胡戈·沃尔夫式的游吟歌手，那庞大的布景又有何用？阿尔班·贝尔格说，马勒《第九交响曲》的第一乐章是他所能听到的马勒音乐中最为神圣的片段。这里的神圣指的是什么？是指马勒像布鲁克纳那样，一直在写作"神圣"的音乐？还是由于神圣匮乏而显得神圣？如果是后者，那恰恰是因为诉说太多而无所诉说，那样的话，是否可以将喋喋不休的马勒归入安东·韦伯恩的行列？也就是说，那是一个"沉默"的音乐家？当布鲁诺·瓦尔特与威廉·门格尔贝格大肆宣传马勒的时候，维特根斯坦对这位犹太音乐家作出了几近否定的评价："如果马勒的音乐就像我所相信的那样是无价值的，那是因为他未能与其才能相当。很明显，他用一种罕见的才能创作出这种拙劣的音乐。"（维特根斯坦说"懂得太多的人很难不去撒谎"，并说自己"强烈地倾向于说假话"。）

维特根斯坦将行动展示为一种摧毁；一场漫长的"驱魔"运动，是对"神奇"的驱逐。方法再一次变得至关重要。与上帝摧毁巴别塔相比，维特根斯坦只是对虚幻的巴别塔实施隐秘的摧毁：展现其虚幻，或让虚幻自行呈现。这使得展示本身成为"治疗"的一部分，治疗的过程无非"归整与料"的过程，正如维特根斯坦对哲学的界定："哲学只固定人人认可的东西。"（PU 599）伴随着治愈，治疗者成为记录者，甚至是一个更为"全面"的记录者。与之相应，时代赋予的"救赎"性质出人意料地反转为一个观察者，或以观察者的身份参与其事者的姿态：维特根斯坦似乎完成了与其时代的和解，甚至看上去都不是一个尼采意义上的文化批判者或救赎者，或以反基督来启示基督的人。（"弥赛亚的到来不是作为拯救者，而是作为反基督的抑制。"［本雅明语］）加上记录方式的神奇，致使神奇地驱逐"神奇"成为记录的内涵，维特根斯坦就此记下了我们时代最著名的黑色童话中的一部分，"记录者"也因此成为赫拉克利特式的"晦涩哲人"。

"晦涩"在某种意义上是必然的，因为"文明必定先期拥有其史诗作者。正像一个人只能预见并预先描述自己的死亡，却不能将其作为同时性的事件予以报道一样。如果你想看到描绘一整个文化的史诗，那你就必须在这种文化最伟大的著作，也就是在那样一个时期，在只能预见这种文化的式微，后来无人再能予以描绘的时期的著作中寻找。因此毫不奇怪，它只能被记录于预示性的晦涩语言中，并且只为少数人理解"（VB 1931）。在此意义上，维特根斯坦的断片置身时间之中又超乎其上。作为"记录者"的维特根斯坦成为预示者，一个昭示未来的人。他全部哲学的先行性无不蕴含其中。相对于其"可见"的遗产，可见遗产中不可见的成分才是其真正的遗产。那是隐秘的力量之源。这种力量可能意味着解放或光明，也可能相反。这是不确定的。如果是前者，维特根斯坦的预言就确证了自己作为预言家的准确性（他预言自己的著作将在一百年后被接受），那样的话，我们就可以满怀信心地向他寻求教诲与指引；如果是后者，那么在未来的岁月中，如同正在阅读《泰阿泰德》或《伦理学》的我们一样，人们会以一种悠远的姿态，不动声色地阅读维特根斯坦的片言只语，那时的维特根斯坦将成为"先知"，"歌手约瑟芬"意义上的先知，那时的维特根斯坦哲学将成为"理论"或"律条"，成为"修辞学"的一部分，而不再是伟大的音乐。[1]
那样的话，我们时代的先知将注定走不出埃及。（"当
人们谈论预知未来的可能性时，人们总是忘记对自己
的随意活动作出预言这一事实。"[PU 629]）[2]

1　"许多年来，他只听到一个人，只有一位钢琴家真正了知音乐的意谓，并懂得如何去弹奏它，那就是伟大的勃拉姆斯。"（RW 204）在维特根斯坦看来，也只有勃拉姆斯深知何谓"音乐"，何谓"修辞学"。20世纪最驰名的演奏之一就是古尔德对巴赫的演奏，那正是不折不扣的"修辞学"演奏。事实上，只有在演奏理查·斯特劳斯时，古尔德才将自身淋漓尽致地展示了出来，因此也就失去了力量："修辞学"的反讽必定启示着某种东西。如果我们说，巴赫尘封的乐谱被古尔德的天才照亮，那等于什么也没说，理由很简单：那不是古尔德的巴赫，而是巴赫的古尔德。换句话说，在巴赫不可胜数的品质中，有一种品质被命名为古尔德。至于天才，那只是一个遁词，正像维特根斯坦论及"直觉"时所说的那样。那究竟是什么，我们其实不得而知。有趣的是，这个不可救药的"浪漫主义者"以近乎同样的理由拒绝演奏肖邦和斯特拉文斯基，两位看似正相反对的作曲家。顺便提一下，古尔德的唱片（当然是演奏巴赫的唱片）中的歌声绝非可有可无；作为一种放纵的姿态，它与克制的钢琴恰成对比，似乎构成了巴赫复杂的对位外的另一种对位。

2　维特根斯坦留下的与其说是一些著作的断片，不如说是沉船的残骸。从那些断片中不太可能拼凑出一艘新船，当然也并非不可能。问题在于，你拿它求生，还是击打飞鸟？这在某种意义上正是维特根斯坦的结论："我相信我的独创性（如果这个词正确的话）是土壤的重要性，而不是种子的重要性。（我或许没有自己的种子）如果在我的土壤中播下一粒种子，那其生长将不同于其他土壤中的生长。"（VB 1939—1940）

缩写说明

AM *Ludwig Wittgenstein: A Memoir*, Norman Malcolm, with a Biographical Sketch by G. H. von Wright and Wittgenstein's Letters to Malcolm, Oxford University Press, 1989.（只注页码）

BGM *Bemerkungen über die Grundlagen der Mathematik*, Ludwig Wittgenstein, *Werkausgabe*, Band 6, Frankfurt am Main, Suhrkamp Verlag, 1984.（只注页码）

LPA *Logisch-Philosophische Abhandlung*, Ludwig Wittgenstein, *Werkausgabe*, Band 1.（只注序号）

LRKM *Letters to Russell, Keynes and Moore*, Ludwig Wittgenstein, Oxford, Basil Blackwell, 1977.（只注页码）

LCAPRB *Lectures and Conversations on Aesthetics, Psychology and Religious Belief*, Ludwig Wittgenstein, Oxford UK &

Cambridge USA, Blackwell, 1994.（只注页码）

OC   *On Certainty,* ed. G. E. M. Anscombe & G. H. von Wright, New York, Hagerstown, San Francisco, London, Harper & Row, Publishers, 1972.（只注序号）

PO   *Philosophical Occasions 1912–1915*, Ludwig Wittgenstein, Indianapolis & Cambridge, Hackett Publishing Company, 1993.（只注页码）

PU   *Philosophische Untersuchungen*, Ludwig Wittgenstein, *Werkausgabe,* Band 1.（第一部分只注序号；第二部分只注页码）

RW   *Recollections of Wittgenstein*, ed. by R. Rhees, Oxford University Press, 1984.（只注页码）

TB   *Tagebücher 1914–1916*, Ludwig Wittgenstein, *Werkausgabe,* Band 1.（只注日期）

VB   *Vermischte Bemerkungen*, Ludwig Wittgenstein, *Werkausgabe,* Band 8.（只注年份）

W   *Wittgenstein:Sein Leben in Bildern und Texten*, ed. by Michael Nedo & Michael Ranchetti, Frankfurt am Main, Suhrkamp Verlag, 1983.（只注页码）

WWK   *Wittgenstein und der Wiener Kreis*, Ludwig Wittgenstein, ed. by Friedrich Waismann, *Werkausgabe*, Band 3, Frankfurt am Main, Suhrkamp Verlag, 1984.（只注页码）

参考文献

Ludwig Wittgenstein, *Werkausgabe* in 8 Banden, Frankfurt am Main, Suhrkamp Verlag, 1984.

Wittgenstein: Sein Leben in Bildern und Texten, ed. by Michael Nedo & Michael Ranchetti, Franfurt am Main, Suhrkamp Verlag, 1983.

Ludwig Wittgenstein, *Philosophical Occasions 1912–1915*, Indianapolis & Cambridge, Hackett Publishing Company, 1993.

Ludwig Wittgenstein, *Letters to Russell, Keynes and Moore*, Oxford, Basil Blackwell, 1977.

Recollections of Wittgenstein, ed. by R. Rhees, Oxford University Press, 1984.

Norman Malcolm, *Ludwig Wittgenstein: A Memoir*, Oxford University Press, 1989.

Ludwig Wittgenstein, *Lectures and Conversations on Aesthetics, Psychology and Religious Belief*, Oxford UK & Cambridge USA, Blackwell, 1994.

Ludwig Wittgenstein, *On Certainty*, ed. by G. E. M. Anscombe & G. H. von Wright, New York, Hagerstown, San Francisco,

London, Harper & Row, Publishers, 1972.

Ludwig Wittgenstein, *Notebooks 1914–1916*, Oxford, Basil
Blackwell, 1979.

Ludwig Wittgenstein, *The Blue and Brown Books*, New York,
Harper & Row, Publishers, 1965.

Saul A. Kripke, *Wittgenstein on Rules and Private Language*,
Harvard University Press, 1982.

Anthony Kenny, *Wittgenstein*, Harvard University Press, 1981.

Joachim Schulte, *Wittgenstein: An Introduction*, State University
of New York Press, 1992.

W. W. Bartley III, *Wittgenstein*, Open Court Publishing Company,
1998.

Allan Janik and Stephen Toulmin, *Wittgenstein's Vienna*, Simon
& Schuster Inc., 1973.

Ernest Gellner, *Language and Solitude: Wittgenstein, Malinowski
and the Habsburg Dilemma*, Cambridge University Press, 1998.

J. L. Austin, *Philosophical Papers*, Oxford University Press, 1970.

Rudolf Haller, *Questions on Wittgenstein*, Routledge, 1988.

《逻辑哲学论》，维特根斯坦著，贺绍甲译，商务印书馆，1996年。
《哲学研究》，维特根斯坦著，李步楼译，商务印书馆，1996年。
《维特根斯坦》，艾耶尔著，陈永实、许毅力译，中国社会科学出版
社，1989年。
《维特根斯坦》，大卫·皮尔斯著，王成兵、吴绍金译，昆仑出版
社，1999年。
《当代哲学主流》，施太格缪勒著，王炳文、燕宏远、张金言等译，
商务印书馆，1986年。

我思，我读，我在

Cogito, Lego, Sum